TALENT ÉDITIONS
115 rue de l'Abbé Groult
75015 Paris

Photos de couverture : © Émilie Zangarelli
Photos intérieures : © Émilie Zangarelli
© @christelle_photographies © @rsauze
© Thomas Wibaux © Léa Souffan © FitClem
et collections personnelles de l'auteur et de ses proches
Design : © Madame Stef

ISBN : 978-2-37815-251-2

KELLY
HELARD

Tout ça pour mon poids !

**Journal intime d'une vie
à lutter contre les kilos**

Talent Éditions

À Neymar, mon amour de mari.
À Lyam et Lyana, mes enfants, même s'ils m'ont fait grossir.
Pour vous, je le referais sans hésiter. Je vous aime.

Chère lectrice, je t'invite à lire les petits messages que j'ai glissés pour toi tout au long de mon journal, et à me répondre sur mon compte Instagram

@kellyhelard

@neymar_salim_abdelkader

Avant-propos

Ce livre est important pour Kelly et moi car il retrace notre vie. C'est le récit d'un parcours semé d'embûches, un bilan qui raconte les bons comme les mauvais moments.

En confessant toutes nos erreurs sur le papier, nous avons trouvé le meilleur moyen pour tirer un trait sur les aspects terriblement négatifs de notre passé. Cela nous permet de regarder positivement l'avenir.

Elle comme moi, nous avons commis des erreurs. On ne les oublie pas car on refuse de les refaire.

C'est une manière d'assumer tous nos accidents de parcours.

Ce livre que vous tenez entre vos mains est le projet le plus important de la vie de Kelly.

Depuis que Lyana est née, Kelly a envie d'avancer dans la vie. Elle a deux enfants, un mari, une maison. Et maintenant cet ouvrage !

Elle vous livre tout... Vous ne pouvez pas imaginer le nombre de conversations que nous avons eues au sujet de ce livre. Cela fait un moment que ce récit lui trotte dans la tête. Elle m'en parle tous les jours ! Pas une journée sans qu'elle ne se demande si vous serez touchés par son récit.

Je suis fier d'elle.

Au-delà de sa vie, je retiens surtout les messages de prévention qu'elle adresse dans ce livre. Elle est influenceuse depuis plusieurs années. Kelly a des enfants et sait que beaucoup de jeunes suivent son parcours et celui des autres candidates de télé-réalité. Elle veut leur faire comprendre que la vie ne se résume pas aux filtres déposés sur les photos, ni à la chirurgie esthétique, ni à la drogue, ni aux soirées en boîte de nuit.

Malheureusement, l'ère des réseaux sociaux ne reflète pas la réalité. Depuis qu'elle est maman, Kelly a un côté protecteur. Elle veut prendre soin des jeunes et c'est tout à son honneur.

Personnellement, je n'ai pas de problème de poids. Mais cela fait dix ans que je suis au régime ! Avec son poids, Kelly fait le yo-yo. C'est l'histoire d'incessants allers-retours. Elle grossit, elle maigrit, elle grossit, elle maigrit... Je suis obligé d'être dans la même vibe. J'essaie de la tirer vers le haut. Cela ne se fait pas de manger sous le nez de la femme qu'on aime si elle ne mange pas. Je connais Kelly par cœur. Quand elle n'accepte pas son corps, cela se ressent dans notre relation. Pendant un an, nous nous sommes séparés parce qu'elle n'était pas bien dans son corps et qu'elle me rejetait. De mon côté, je n'étais pas patient. Je n'étais pas encore prêt à l'accompagner dans ce combat. On a préféré séparer nos chemins pendant une année pour mieux se retrouver. Cela nous a fait grandir.

Quand Kelly n'est pas à son poids idéal, elle fait une fixette. Il faut toujours qu'elle perde quelques kilos supplémentaires. Cela joue sur ses humeurs, notre vie de couple et notre vie de famille.

C'est difficile mais c'est son combat.

J'ai compris la genèse de ce complexe. Elle a souffert de très nombreuses critiques lors de sa première émission de télé-réalité. Je ne la connaissais pas encore à cette période. Mais quand elle m'en parle, je perçois le mal que ce harcèlement a provoqué en elle. Elle reste toujours affectée par ces mots. Dès que Kelly est en surpoids, elle est triste. En réalité, elle est marquée à vie.

Je vous invite à découvrir l'histoire d'une femme forte.

Neymar

PARTIE I :

Harcèlement, drogue et anorexie

Je devine déjà les commentaires des petits malins qui ricanent de me voir écrire ce livre. Ceci n'est pas mon autobiographie. Je ne suis personne pour raconter ma vie entière, et c'est précisément pour cette raison que la suite de ce livre n'est pas un condensé exhaustif des trente premières années de mon existence.

Ce livre, c'est comme un journal entre toi et moi. Je vais y livrer mon vécu, t'expliquer toutes les étapes, plus ou moins douloureuses, de la lutte contre mes prises de poids. Tu verras, je n'ai pas toujours pris les bonnes décisions. J'ai parfois emprunté des chemins dramatiques. J'ai mis ma vie, mon couple et ma famille en danger. J'espère que toi, chère lectrice, si tu complexes de tes kilos en trop, si tu es comme je l'ai été au bord du précipice, tu te sentiras mieux en refermant mon journal intime.

Et toi, tu regardais ?

Pour moi, tout a réellement débuté lors de mes premiers pas à la télévision. Nous sommes en 2011, j'ai 18 ans, et je rejoins l'émission *Les Ch'tis*, sur W9. Le casting avait eu lieu dans une boîte de nuit où j'étais danseuse. Forcément, la perspective de rejoindre Ibiza à cet âge, c'était alléchant.

Une fois intégrée à l'émission, j'ai rapidement déchanté devant les commentaires de mes camarades, qui étaient plutôt mes concurrentes. Après chaque danse, j'entendais : « T'es grosse ». *T'es grosse.* Elles se moquaient de moi dès que je commençais à danser. Elles s'esclaffaient et lançaient leurs commentaires sarcastiques. Je passais ma vie à me « clasher » avec elles. Je n'en pouvais plus. C'était non-stop.

Qu'en pensais-tu à l'époque ?

Je compare cette situation à ce que vivent certains enfants dans les cours d'école. Les candidats de télé-réalité sont aussi méchants entre eux que les écoliers. Quand on me lance « t'es grosse », je vis ça comme quand une petite fille entend le cancre du fond de la classe souffler « Eh ! t'as vu ton nez ? » ou « Ah ! ah ! t'as du duvet ! » Qu'est-ce que peut y faire la pauvre petite fille qui a du duvet sur le visage à six ans ? Elle ne va pas commencer à s'épiler le visage en CP... Je l'ai personnellement vécu. Je suis très brune, et j'avais malheureusement du duvet sous le nez quand j'étais enfant. Je subissais énormément de moqueries à cause de cela.

Cela provoque énormément de désastres. Je connais un enfant qui s'est immolé par le feu à force de subir les critiques de ses camarades. Le harcèlement moral peut s'exprimer de toutes les manières. Ça va trop loin.

Quand j'y repense aujourd'hui, j'aimerais beaucoup retrouver le corps soi-disant « gros » de mes dix-huit

Captures d'écran de l'émission télévisée *Les Ch'tis font du ski*, diffusée en mars 2012 sur W9.

Et je ne te montre qu'un petit extrait, je pourrais faire un deuxième tome à mon livre si je mettais tous les exemples de méchancetés gratuites que j'ai encaissées.

ans. Mais à cet âge-là, quand tu entends ces remarques quotidiennement, cela s'imprègne dans ton esprit. Si on te le dit, c'est que c'est vrai. Donc moi aussi, je pensais être grosse. Je vivais très mal la situation, et j'ai essayé de perdre du poids. Très mal dans ma peau, j'ai commencé à faire attention à mon physique en permanence. J'avais pourtant un caractère assez fort qui me rendait – habituellement – imperméable aux critiques. Je n'ose pas imaginer comment vivent le harcèlement les personnes naturellement très fragiles. Pour moi, c'était le début des ennuis et d'une longue ritournelle. À l'époque, j'étais étudiante en BTS esthétique. J'y reviendrai plus tard, mais sache que si tu es jeune, la télé-réalité n'est ni un plan de carrière, ni une fin en soi.

Pour perdre du poids, j'ai d'abord eu de bonnes idées. Ma maman m'a acheté un vélo elliptique. Je roulais tous les matins pendant quarante-cinq minutes. Le soir, je rejoignais l'un de mes copains d'enfance (époque CE2 !) qui m'encadrait pour faire des exercices. Sinon, je ne savais pas quoi faire car je n'y connaissais rien. J'ai également fait un rééquilibrage alimentaire qui me permettait de mieux manger.

Le problème, c'est qu'on tournait les émissions des *Ch'tis* à un rythme soutenu, et que personne n'attendait après ma perte de poids. La situation n'avait donc pas changé : les filles me critiquaient, j'étais toujours la grosse de service. Autour de moi, personne ne réalisait que ces remarques incessantes s'apparentaient à du harcèlement moral. Je pense que les filles de la première saison des *Ch'tis* ne s'en rendaient même pas compte. J'aimerais bien savoir ce que tu pensais, toi qui me regardais peut-être devant ta télévision à l'époque... Avais-tu remarqué à quel point j'allais mal ? Lisais-tu la détresse dans mon regard quand les filles me lançaient des « T'es grosse ! » ? À l'époque, je pense que personne ne le comprenait. Aujourd'hui, si l'on revisionne toutes ces émissions avec un œil neuf, le harcèlement moral saute aux yeux.

Je ne disais rien mais je souffrais. Terriblement.

Et toi, tu t'en étais rendu compte ?

Ma seule veine, c'est que les réseaux sociaux n'émaillaient pas encore le quotidien des gens, donc les insultes n'étaient pas encore virtuelles, ni démultipliées.

Mais la réalité était déjà bien suffisante pour plomber mon moral, et me pousser à tenter des expériences extrêmes.

J'ai commencé à consommer des compléments alimentaires illégaux en France. J'ingérais du clenbutérol. Si tu ne connais pas ce médicament, tant mieux pour toi. Il est préconisé comme traitement pour les affections broncho-pulmonaires chez le cheval de course. Tu te rends compte ? Pour mon cœur, c'est comme si j'étais en train de courir vingt-quatre heures sur vingt-quatre. C'est un anabolisant, inscrit sur la liste des produits dopants pour les sportifs. Un ancien champion du Tour de France, Alberto Contador, a notamment été suspendu plusieurs mois après avoir été contrôlé positif à cette substance. Mon acte n'était donc pas anodin, mais je ne m'en rendais pas vraiment compte. Pas du tout, en fait. La preuve, c'est que je ne me suis pas arrêtée, alors que je commençais à ressentir des tremblements. Les conséquences étaient lourdes pour ma santé, mais je m'en moquais complètement.

Sur
ne su
me
mau
exemp

Tout ce que je voyais, c'est que ça marchait : je perdais du poids, enfin !

Je rentrais aisément dans des vêtements taille 34, mais je me trouvais encore grosse. J'avais sombré dans l'engrenage de l'anorexie. C'était devenu maladif. Jour et nuit, je ne pensais qu'à mon poids, mon poids, mon poids... jusqu'à me ruiner la santé.

Après plusieurs mois de prise de clenbutérol, j'ai compris que je devais stopper cette substance nocive et illégale. Mais devant ma glace, je me trouvais, encore et toujours, trop grosse. Ce n'était qu'une illusion de mon cerveau malade, mais ce dernier m'envoyait de faux signaux, m'exhortant à trouver de nouvelles méthodes pour m'amaigrir.

J'étais épuisée. J'enchaînais les tournages dans les boîtes de nuit pour les *Ch'tis*, du jeudi au dimanche. On voyageait dans la France entière, dormant dans les trains. Mon cœur battait trop vite, et ce n'est pas une formule pour faire joli.

Je me trouvais grosse. Encore. Toujours.

C'est ainsi que je suis tombée dans la drogue.

Livrer ici cet aveu d'un acte tabou n'est pas une chose facile. Je suis désormais mère de famille. Je sais qu'on va me juger. C'est dur. J'en ai tellement pleuré.

Pourquoi ai-je cédé aux sirènes de la drogue ? Parce que des proches m'ont dit : « Ça fait maigrir ! Ça coupe la faim. »

Je consommais du speed, une drogue facile à trouver en Belgique. Le speed, c'est comme les amphétamines, mais fabriqué dans des laboratoires clandestins. Les effets des amphèt' sont connus pour être anorexigènes et psychoanaleptiques. Tout ce qu'il me fallait : plus besoin de manger, plus besoin de dormir !

La drogue m'aidait à maigrir et réduisait la fatigue. Elle m'aidait à avancer au quotidien. Pendant plus de deux ans, je suis restée bloquée dans cet engrenage. Plus j'en consommais et moins j'étais fatiguée, plus je perdais des kilos. Chimiquement euphorisée, aveuglée par les substances, j'avais atteint mon but et j'étais prisonnière d'un sentiment de bonheur artificieux.

Ni ma mère, ni mes proches n'étaient au courant. Je me souviens de mes cours en BTS. À l'heure où mes camarades déjeunaient d'une salade ou d'un sandwich, je m'éclipsais pour consommer ma drogue. Pour tenir. Le speed était mon repas.

Noyée dans cette spirale infernale, j'oubliais les critiques et les problèmes.

Quand j'y repense aujourd'hui, je trouve ça dingue. Je n'avais jamais fumé une cigarette de ma vie. Pas un joint. Et je suis devenue accro au speed parce qu'épuisée de ma course effrénée vers le régime, j'ai écouté les langues malintentionnées qui m'encourageaient à me droguer.

Je sais qu'il n'y a aucune bonne raison pour consommer de la drogue. Mais franchement, bousiller sa santé parce qu'on se trouve trop grosse, c'est une raison fichtrement ridicule. Débile ! J'aurais pu en mourir. Rien que le clenbutérol... Si c'est illégal en France, ce n'est pas pour rien.

Désormais, c'est fini. Je ne touche plus à la drogue depuis 8 ans. Je me permets de l'avouer aujourd'hui car c'est un chapitre de mon histoire qui est définitivement fermé. Je ne toucherai plus jamais à la drogue. Je veux dire la vérité car je suis fière de pouvoir écrire que je suis clean. Et vous le lirez par la suite, j'ai quand même réussi à perdre du poids en étant propre. On peut y arriver !

À gauche, une photo de moi lors de ma première saison dans *Les Ch'tis*. J'étais énorme, n'est-ce pas ?... À droite, le début de l'engrenage commence lors de la troisième saison.

J'espère que tu te
sentiras mieux en
refermant mon
— journal intime. —

J'en parle en guise de prévention.

Je veux mettre en garde les jeunes. Quand on est dedans, on ne se rend pas compte du danger.

Mon message est clair : même si tu dois gaspiller un an à perdre du poids, fais-le ! Ne te tue pas la santé.

J'aurais pu mourir à dix-neuf ans, sans avoir rien vécu. Cela aurait pu engendrer des maladies. Mon foie aurait pu me lâcher. J'ai eu de la chance d'en sortir indemne... d'ailleurs, suis-je vraiment en pleine santé ? Pour l'instant, c'est le cas. Mais le corps humain ne pardonne rien à nos excès.

Ma pire bêtise, c'est sans doute d'avoir subi une opération sous l'emprise de drogue, sans avoir prévenu le chirurgien. Quand j'ai refait ma poitrine, on m'a demandé si je prenais de la drogue. Qu'est-ce que je pouvais répondre... J'ai dit non. J'aurais pu ne jamais me réveiller de mon anesthésie générale.

J'été embrigadée par mes camarades de sortie. Quand on fréquente le milieu de la nuit du Nord de la France, il n'y a qu'à demander pour obtenir de la drogue. On dit non plusieurs fois et on finit par dire oui. Ce n'est la faute de personne car comme tout le monde, je suis maîtresse de mes décisions. J'aurais pu refuser. Mais si je n'avais pas évolué dans le monde de la nuit et celui de la télé-réalité, sans doute n'aurais-je pas eu ces produits à disposition. Je n'avais qu'à tendre la main pour obtenir du speed. J'ai commencé à me droguer avant même de commencer la télévision.

Dans le petit milieu de la télé-réalité, la consommation de drogue est monnaie courante. Je parle en tout cas de l'époque que j'ai vécue. Je parle de mon propre cas, pas des autres émissions. Aujourd'hui, je ne suis plus là pour le voir. La production de mon émission n'a jamais su que je me droguais. Tout usage de substance illicite était formellement interdit. Nous avions même des « nounous » qui nous chaperonnaient nuit et jour. Je ne veux pas accuser la télé-réalité. Je ne regrette absolument pas d'avoir fait cette émission. Honnêtement, je pense que je serais malgré tout tombée dedans, télé ou pas télé. Quand on passe son temps en boîte de nuit comme je le faisais, on est forcément en contact avec ces substances. Et encore plus dans le Nord de la France ou en Belgique où le speed circule beaucoup. J'insiste vraiment, car je sais qu'il y a souvent des polémiques à ce sujet et ce n'est pas mon but en écrivant ici mon histoire : les producteurs de mon émission n'étaient absolument pas au courant que je vivais sous l'emprise de la drogue. Quand on participe à une émission de télé-réalité, on signe une charte acceptant de renoncer à tout usage de produits illicites.

Se droguer n'est pas de tout repos, surtout quand on voyage souvent pour son travail. Quand on faisait les *Ch'tis*, on devait prendre l'avion. Pour passer la douane à l'aéroport, j'ai pris d'énormes risques. Et il m'a fallu être ingénieuse. J'avais caché mes provisions de drogue dans mon poudrier. J'étais totalement inconsciente. Si les services de sécurité aéroportuaires avaient découvert mon tour de passe-passe, j'aurais été bonne pour filer en cellule.

Ensuite, des responsables de la production avaient pour consigne de fouiller nos valises lorsque nous arrivions sur les lieux d'une émission. D'autre part, nous n'avions aucune liberté lors des week-ends. On avait une « nounou » qui nous chaperonnait absolument partout. C'était l'enfer. Malgré cela, j'ai réussi à consommer en cachette et

*J'en parle en guise
de prévention.
Je veux mettre en
— garde les jeunes. —*

personne n'en a jamais rien su. On avait tous nos petits trucs et ça passait en douce. Tu veux savoir le plus drôle dans cette histoire ? La production a soupçonné un candidat de consommer de la drogue. Ils avaient profité d'une sortie pour retourner sa chambre et chercher des produits. La vérité, c'est qu'il était le seul de la bande à ne pas taper dedans !

Si les producteurs avaient découvert que je me droguais, ils n'auraient pas laissé passer cela. Ils étaient très prévenants avec leurs candidats, à bien des égards. Par exemple, si l'on avait besoin d'un psychologue, ils prenaient pour nous des rendez-vous. À l'époque, mon ex-petit ami – qui était également un candidat de télé-réalité – m'avait trompée pendant le tournage de notre émission. C'était évidemment un choc. La direction des *Ch'tis* m'avait ainsi demandé si je voulais être suivie psychologiquement. D'ailleurs, ils n'avaient pas voulu me laisser seule pour visionner les images de la trahison. Tout ceci, je ne le dis pas pour vous raconter ma vie, mais pour souligner le fait que ces gens étaient à l'écoute de nos problèmes, mais qu'ils ne s'étaient tout simplement pas rendu compte de mon véritable mal-être : le complexe du poids. S'ils avaient compris que je souffrais intérieurement à cause de prétendus kilos en trop, s'ils avaient mis le doigt sur le harcèlement dont j'étais victime, ils m'auraient apporté du soutien. Ils ne nous lâchaient pas comme ça. Hélas, comme les autres, ils n'ont rien vu.

Ma mère ne s'est pas rendu compte non plus que j'étais tombée dans la drogue. Elle m'élevait seule, ce n'était pas évident. Mon père, je ne le voyais plus depuis dix ans. Mes amis ? Malheureusement, on vivait tous dans ce petit monde où la consommation de drogue était normale. Aujourd'hui, quand je reçois quelqu'un chez moi, je lui propose un café. À l'époque, on trouvait tout autre chose dans mes placards...

La drogue m'a éloignée de tout. J'ai perdu ma meilleure amie. Elle s'est fâchée lorsqu'elle s'est aperçue que je consommais du speed.

Mon mari m'a sauvée. Deux mois après notre rencontre, Neymar a découvert mes tremblements et a commencé à avoir des doutes. Je me cachais systématiquement pour consommer le speed. Il a, heureusement, tiré la sonnette d'alarme. « Soit tu acceptes mon aide, soit on se sépare. » C'était radical. Si je n'avais pas rencontré Neymar, je serais peut-être toujours dépendante à cette cochonnerie. L'amour m'a sauvée. Je pense qu'une fois la bonne personne rencontrée sur ton chemin, ça te donne la force de tout arrêter.

Avant l'alerte de mon amoureux, je n'avais même pas réalisé mon degré de dépendance. Je pensais toujours : si je veux, je stoppe demain. Sauf que le lendemain, j'étais toujours fatiguée. Si je n'en prenais pas, j'avais une irrépressible envie de dormir toute la journée. Alors j'en reprenais...

Et puis toujours cette fichue perte de poids. Je voyais mon corps s'affiner irrémédiablement. J'avais beau manger un steak-frites, je ne grossissais pas. C'était tellement simple. Je pouvais boire autant d'alcool que je l'entendais. L'alcool, ça épongeait bien. En boîte de nuit, qu'est-ce qu'on buvait...

C'est un engrenage terrible. Je porte un regard différent sur cet épisode de ma vie depuis que je suis maman. Je ne veux pas que mes enfants tombent là-dedans un jour.

J'ai finalement réussi à arrêter du jour au lendemain.

Non mais regardez la
maigreur de mes bras...
Plus jamais ça !

*Mon mari
m'a sauvée.
L'amour
— m'a sauvée. —*

Mon mari a jeté toutes ces saloperies à la poubelle.

J'ai eu la chance d'avoir la volonté, et l'épaule sur laquelle me reposer pour gagner mon combat. Mais tout le monde n'a pas cette chance.

Neymar m'a extraite du Nord de la France et des milieux que je fréquentais, là où je me procurais le speed. Je me suis retrouvée en Ile-de-France, où je n'avais aucune connexion. Je ne pouvais plus me fournir ! Neymar ne me laissait pas sortir seule, pour éviter que je retombe. Il me surveillait en permanence, ne me lâchait jamais. De mon côté, je l'aimais donc je ne voulais pas le décevoir. J'aurais beaucoup souffert d'une rupture à cause de ça.

© Émilie Zangarelli

@neymar_salim_abdelkader

“ *Témoignage*

Neymar : Comment j’ai sauvé ma femme

Ma rencontre avec Kelly est le genre de première fois que l’on n’oublie pas. Alors gogo-danseuse, elle s’est livrée pour moi à un numéro de strip-tease. Quelle belle femme ! J’ai succombé à son charme. Nous avons passé la soirée ensemble sans approfondir. La semaine suivante, elle organisait une fête pour son anniversaire. Elle m’a invité, et il se trouve que c’était la veille de mon propre anniversaire ! Durant la soirée, j’ai très rapidement remarqué qu’elle allait souvent aux toilettes. Je ne suis pas bête. Je l’ai interrogée et elle m’a répondu franchement, m’avouant qu’elle consommait de la drogue.

La drogue et moi, cela ne passe pas. Ce n’est pas dans mon éducation et cela ne peut pas entrer dans mon univers.

Je vais vous faire un aveu. Dès ma rencontre avec Kelly, je me projetais vers l’avenir. J’avais le pressentiment qu’on pouvait construire de belles choses ensemble. Quand elle m'a dit qu'elle se droguait, c'était un aveu rédhibitoire pour moi. À la fois, je ne voulais pas l'abandonner, ou profiter d'elle avant de la laisser tomber. J'aurais été un lâche. Kelly est une femme très touchante qui fait passer les autres avant sa propre personne. Je voulais en faire de même avec elle, quitte à mettre mes principes de côté quelque temps.

Kelly écrit dans ce livre qu'elle a arrêté la drogue grâce à moi. Non ! Tout le mérite lui revient. C'est sa volonté et son amour pour moi qui ont fait la différence. Moi, je l'ai aidée. La drogue détruit la vie des gens. Je ne pouvais pas laisser cette belle femme mourir à petit feu. Kelly est une fille sublime qui a toutes les qualités pour devenir quelqu'un de bien. Elle bousillait sa santé à cause du harcèlement moral qu'elle avait subi. Elle ne pensait qu'à la taille svelte qu'elle se sculptait jour après jour. Elle sortait tous les soirs, la drogue lui faisait aussi tenir le coup. Quand je l'ai rencontrée, je l'ai extraite de ce monde de la nuit et j'en suis fier. On a essayé de se construire une nouvelle vie. J'insiste sur le « ON ». Si elle avait refusé de m'écouter en poursuivant sa consommation de drogue, je n'aurais rien pu faire. Arrêter la drogue, c'est la plus belle preuve d'amour qu'elle pouvait m'adresser. Quand on est drogué, on aime la drogue, c'est comme une passion. J'ai réalisé qu'elle m'aimait encore davantage. Quand elle me disait « Je t'aime plus que tout », la drogue faisait partie de ce « tout ».

Quand on a emménagé ensemble, il était hors de question que la moindre poussière de drogue entre dans notre appartement. Jamais de ça chez moi ! Kelly en avait conscience et l'avait accepté. Elle a stoppé sa consommation du jour au lendemain. Je ne sais toujours pas comment elle a réussi cet exploit aussi rapidement. Cela reste une énigme. Elle me préservait énormément en essayant de ne pas me faire ressentir ses effets secondaires. Je me rendais compte malgré tout qu'elle allait mal. Je la voyais tourner en rond dans l'appartement. J'essayais de l'aider en restant tous les jours avec elle et en lui offrant des distractions. On sortait déjeuner ou dîner au restaurant, je l'emmenais chez mes parents, et nous avons beaucoup voyagé pour changer d'univers. La Thaïlande, l'Égypte...

Ensemble, nous avons vécu de sacrées aventures. En Égypte, nous avons vécu un incendie nocturne.

— Kelly, ça sent le brûlé !

— Qu'est-ce que tu racontes ?

Kelly a ouvert la porte. Le feu dans le couloir ! Nous avons couru vers le balcon du deuxième étage. Je l'ai portée à bout de bras jusqu'à l'étage inférieur, elle était toute légère. Je l'ai déposée au premier étage et j'ai sauté dans la foulée, m'ouvrant le pied. Sauvés !

— Tu m'as fait passer avant toi. C'est vraiment que tu m'aimes !

— Évidemment que je t'aime ! C'est pour ça qu'on en est là.

On a multiplié les activités pour ne plus penser à la drogue. Avec les voyages, Kelly a passé le cap. Ensuite, nous avons eu Lyam, notre premier bébé, la plus belle chose qui nous soit arrivée. Et on n'a plus jamais entendu parler de la drogue. Nous avions désormais une autre occupation d'un genre totalement différent qui a capté toute notre attention.

Je n'en ai jamais parlé avec les filles des *Ch'tis*. Je souffrais tellement que j'ai quitté l'émission. Je pense qu'elles n'ont jamais réalisé les douleurs qu'elles m'infligeaient. C'était vraiment de la méchanceté. Si je les avais en face de moi aujourd'hui, j'aimerais simplement leur poser cette question : est-ce qu'elles regrettent ? Est-ce que vous prenez la mesure de vos actes et vos paroles passés, aujourd'hui, à l'âge adulte ?

Je vais être méchante dans le court paragraphe ci-dessous, peut-être, mais peu importe. J'ai assez souffert.

Quand je compare aujourd'hui la vie de mes harceleuses et la mienne, je n'ai aucune envie d'être à leur place. Mais merci ! Je kiffe ma vie, tellement plus belle que la leur. La roue tourne, les filles. J'ai rencontré un mari formidable, j'ai deux enfants, je fais de la télévision. Tout cela m'a créé une force mentale. J'ai appris de mes erreurs. Je suis heureuse de ma vie. En fait, si ma vie redémarrait à zéro, je recommencerais tout pareil. Je sais que cela paraît étonnant. Mais je ne prendrais pas le risque de produire un effet papillon. Les épreuves de ma vie nous ont permis, à Neymar et moi, d'être aujourd'hui solidement accrochés. On a tout donné l'un pour l'autre, parce que c'était dur, parce que ça valait le coup.

Évidemment, ce sont des erreurs terribles.

La drogue, c'est la honte de ma jeunesse.

Tout ce que je viens d'écrire, c'est ce que je ne souhaite à personne. Tu as compris comment j'ai perdu du poids la première fois ? Eh bien il ne faut surtout pas suivre cet exemple.

Quand je regarde les photos de cette époque, je ne saisis pas comment je pouvais penser que j'étais grosse. J'étais vraiment tombée dans l'anorexie. Certains se font vomir. Moi, je prenais de la drogue.

Je suis fière d'avoir remporté ce combat, sans même atterrir à l'hôpital.

Encore une fois, c'est grâce à mon mari. Il a tout fait pour moi. Désormais, c'est à lui que je suis accrochée.

Son père, aussi, m'a beaucoup aidée. En effet, je vivais chez les parents de Neymar. Comme je ne voyais plus mon père depuis déjà dix ans, le père de Neymar est devenu pour moi un vrai papa de substitution. Je l'aime comme une fille aime son père. Je ferais tout pour lui ! J'ai eu tellement honte de lui confier que sa belle-fille était une droguée. Cela m'a fait très mal. J'en ai encore les larmes aux yeux en couchant ces mots sur le papier.

Quand on se drogue, on a parfois conscience qu'on se fait du mal à soi-même, mais on ne réalise pas la souffrance qu'on inflige à ses proches. Mon mari a morflé parce que je me droguais. Ma mère est tombée en dépression. C'est tellement dur pour une maman. D'ailleurs, je n'ai jamais osé lui en parler frontalement, ni à l'époque, ni aujourd'hui. On n'a jamais abordé le sujet dans une conversation. C'est totalement tabou. À l'époque, c'est Neymar qui lui a avoué pour provoquer en moi un électrochoc.

Depuis que je suis maman, j'ai compris. En berçant mon bébé, j'ai aussitôt réalisé : *Mon dieu, tout ce que j'ai fait endurer à ma mère depuis ma naissance !* Je n'aimerais vivre pour rien au monde le quart de ce qu'elle a supporté. Mon mari s'amuse (ou s'inquiète !) parfois à répéter ce dicton : *on dit que nos enfants nous feront pire que ce qu'on a fait à nos parents*. Si c'est le cas, l'addition va être salée... Je regrette tellement d'avoir fait autant pleurer ma mère. Je ne m'en rendais même pas compte. Mon point de vue était faussé, bouché. J'avançais dans la vie comme un cheval borgne sans me rendre compte que ma mère avait tout sacrifié pour moi. Si elle n'a jamais refait sa vie, c'est pour m'élever dans la quiétude d'une relation mère-fille. Et moi, j'ai trouvé le moyen de faire des conneries dans son dos... Bon, on verra ce que cela donne avec Lyam et Lyana !

Une fois que j'ai arrêté la drogue, la balance ne m'a fait aucun cadeau. J'ai repris dix kilos. Moralement, c'était dur. J'ai commencé à me rendre dans une salle de sport. Mais j'étais bien avec Neymar. Alors j'ai fini par lâcher prise. J'ai vécu, enfin, le moment présent. Je ne passais plus ma vie en boîte de nuit. J'étais moins fatiguée. La vie était plus paisible. L'alcool a cessé de couler. Les caméras n'étaient plus braquées sur moi puisque j'avais cessé les émissions de télé-réalité. Avec Neymar, nous avons beaucoup voyagé, on a vécu de délicieux moments ensemble. Et quelques mois plus tard, je suis tombée enceinte. Durant ma grossesse, j'ai enregistré trente kilos supplémentaires. Un nouveau combat allait commencer...

PARTIE II :

L'échec de la chirurgie esthétique

Dix kilos de plus avant de tomber enceinte.

Trente kilos supplémentaires pendant la grossesse.

Je n'ai pas été gâtée car trente kilos, c'est vraiment la moyenne très haute pour une femme enceinte.

Après la naissance de Lyam, je n'ai rien fait pour maigrir. Je vivais seulement pour mon enfant.

Je ne m'acceptais plus. Je me trouvais moche. Je repoussais mon mari car mon cerveau faisait un blocage, mi-logique, mi-absurde : comment peut-il m'aimer alors que je ne m'aime pas ? Comment peut-il seulement me regarder avec mes quarante insupportables kilos supplémentaires ? Je n'osais même pas me photographier. Je ne faisais plus rien.

C'était un nouvel engrenage. Foutu pour foutu, j'avais décidé de vivre pour mon enfant et de ne m'occuper de rien d'autre. C'était du lâcher-prise, dans le mauvais sens du terme. Je ne suis pas la seule dans ce cas. Beaucoup de femmes n'arrivent pas à perdre leur surplus de poids en sortant de la grossesse et se disent ensuite qu'elles ne sont plus à un ou deux kilos près. Elles commencent alors à manger n'importe quoi, n'importe quand, et se font livrer des repas au lieu de cuisiner. Tu me vois venir ? Deux kilos par ci, deux kilos par-là, et on tombe vraiment en surpoids, dans une situation catastrophique. Au final, on se gâche la vie.

Tu me vois venir ?

Moi, en tout cas, cela m'a gâché la vie. Pour la deuxième fois, je me suis retrouvée au plus bas moralement à cause de mes kilos. J'étais aigrie avec les personnes autour de moi. J'étais méchante. Avec Neymar, j'ai longtemps vacillé sur le fil du funambule, au-dessus d'un précipice qui nous tendait les bras. Jour après jour, je le mettais hors de lui. Je lui criais dessus. Je me cachais pour m'habiller et me déshabiller. J'avais décidé qu'il n'avait plus le droit de me regarder. Et encore moins de me toucher. Mon pauvre mari avait pris un énorme coup sur le crâne. Il en a beaucoup souffert. Pour lâcher la pression, il a commencé à sortir en boîte de nuit.

Je suis devenue jalouse. J'avais l'impression qu'il regardait les autres filles. J'étais mauvaise avec lui.

Un engrenage, encore.

Quand je m'en suis rendu compte, je n'avais que deux solutions : laisser tomber, ou faire un effort, pour moi et pour mon mari.

J'avais conscience que cela n'allait pas du tout avec lui, mais je l'aimais. Et lui aussi. Il y a toujours eu ce petit truc très fort entre nous. Nous sommes liés.

À cet instant, chaque fille est différente, et chacune agit différemment. Certaines font le choix de l'opération. Cela a été le cas de ma maman, à qui je vais laisser le soin de raconter sa douloureuse expérience.

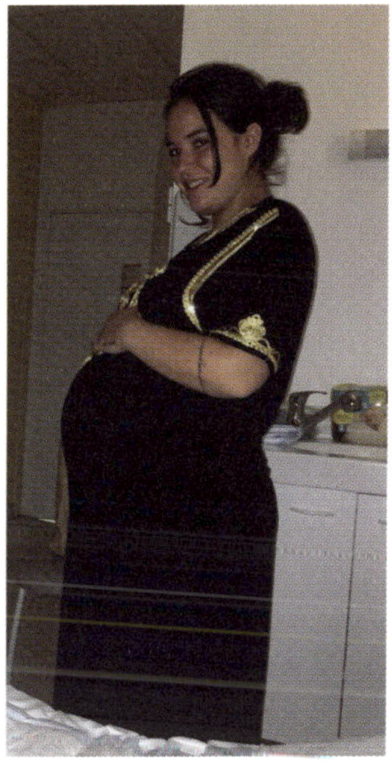

Avant → Après

Le début de ma première grossesse, et une heure avant d'accoucher. Compte-rendu : + 35 kilos !

Avant

Après

“ # *Témoignage*

Véronique, la maman de Kelly :

Moi aussi, j’ai voulu perdre du poids et je n’ai pas choisi la bonne méthode

Alors que je pesais cent kilos et que j’avais des problèmes de santé, j’ai choisi de faire l’opération *sleeve*. C’est une technologie chirurgicale visant à lutter contre l’obésité.

J’ai très mal vécu cette perte de poids.

Après l’opération, je suis tombée à 70 kilos.

Cela a toujours fait rire mon entourage, mais suite à cette opération, j’ai eu l’impression d’avoir perdu quelque chose. J’avais la sensation qu’il me manquait quelque chose. Je suis tombée en dépression et tout s’est enchaîné. Comme je ne me reconnaissais plus, j’ai décidé de changer de tête avec une nouvelle coiffure. Hélas, la coiffeuse a bousillé mes cheveux, lesquels ont commencé à tomber.

Quand je me regardais dans la glace, ce n'était plus moi. J'avais perdu la moitié de moi-même ! J'étais devenue terne, y compris sur mon visage. Je ne souriais plus.

J'ai tellement mal vécu cette période que j'ai repris 20 kilos sur les 30 que le chirurgien m'avait enlevés. Je ne me sentais pas mieux pour autant. L'engrenage était en route. J'ai subi une opération pour perdre du poids. Je me sentais mal. J'ai donc mangé pour compenser ce mal-être... Un vrai cercle vicieux.

Depuis l'opération, je ne peux plus manger un certain nombre d'aliments : des pâtes, du riz, des baguettes de pain. Cela se bloque au niveau du clapet et fait comme un bourrage. Je me contente donc de pain industriel sans croûte. Quel dommage !

Tous mes amis me disaient : bois de l'eau ! Cela me faisait vomir et ce n'était pas une solution.

Les médecins ont toujours été surpris.

Pendant trois mois, j'ai passé ma convalescence chez ma fille. Je m'occupais de Lyam, qui était bébé. Ma situation inquiétait parfois Kelly car j'éprouvais des difficultés à respirer, je ne parvenais pas à manger.

J'ai amèrement regretté cette opération.

Je suis en admiration devant ce que fait ma fille. Si j'avais sa volonté et son courage, je ferais comme elle. Mais ce n'est pas à la portée de tout le monde.

J'ai acheté un tapis de marche. Il est beau, il prend de la place dans le salon mais je l'utilise à peine.

Kelly a une volonté d'enfer pour perdre du poids. Quand elle y va, elle y va !

Nous échangeons beaucoup à ce sujet.

Quand je vais en région parisienne, je l'accompagne à la salle de sport, Kelly est très motivante. Quand je vois le résultat sur son corps, je suis contente. C'est très réussi.

Lors de sa première grossesse, je trouvais cela dommage qu'elle prenne autant de kilos sans faire attention. Elle me les cachait mais je m'en rendais compte. Son mari lui disait toujours qu'elle était bien comme ça. Le problème, c'est que Kelly a fini par pleurer dans son coin car elle ne s'acceptait pas elle-même et qu'elle ne savait pas perdre son poids.

Aujourd'hui, Kelly a réussi son défi et je suis très fière d'elle.

Et toi, à ma place ou à celle de ma maman, qu'est-ce que tu aurais fait ? D'ailleurs, peut-être te trouves-tu en ce moment-même à l'orée des chemins avec une décision importante à prendre.

Est-ce que tu te reprends en main ?

Est-ce que tu te relâches ?

Déjà, tant que tu ne commets pas comme moi l'erreur quasi-irréparable de ma première perte de poids en tombant dans la drogue, tu as déjà mieux réussi que moi...

L'important, c'est d'avoir le déclic. Ce n'est pas parce que tu ne réussis pas dans le mois qui suit, ni même dans les deux mois, que tu n'y arriveras pas. Il s'agit peut-être simplement d'un mauvais départ.

Mais que faire ?

L'opération, comme ma maman ?

La chirurgie esthétique ?

Ta seule volonté ? Rééquilibrage alimentaire et sport ?

Malheureusement, j'ai encore choisi la facilité.

Deux ans après la naissance de Lyam, j'ai pris ma décision : ce serait la chirurgie esthétique. J'ai choisi de faire une liposuccion du ventre, c'est-à-dire un prélèvement d'excès de graisse sous la peau, par aspiration.

J'ai regretté amèrement cette décision. C'était une solution de facilité.

En regardant ce qui se faisait sur les réseaux sociaux, je trouvais ça très beau. Enlever du ventre pour le mettre dans les fesses.

La réalité, c'est que chaque femme entreprendrait une liposuccion si cela marchait aussi bien.

En sortant de chez le chirurgien, j'étais toujours aussi grosse. D'accord, c'était un peu plus harmonieux. Mais j'étais toujours grosse. C'était une terrible déception car dans ma tête, j'allais sortir de la clinique et revêtir mes petits shorts taille 34 d'avant grossesse. Pas du tout !

J'ai commis l'erreur de faire cette opération en Tunisie, parce que c'est beaucoup moins cher. J'étais tellement mal dans mon corps que je n'ai pas réfléchi. Quand on sait que l'avion accentue les infections, ce n'est pas malin de s'envoler juste après une opération. Mais quand tu te fais opérer en Tunisie, personne ne veut te prendre en charge en France pour réparer les erreurs des autres. Je recommande tout sauf ça !

En plus, je suis devenue accro au Tramadol après l'opération. Les médecins m'en avaient prescrit pour la douleur. Sauf que quand je ne le prenais plus, je tremblais ! Et j'ai eu moins de difficultés à arrêter la drogue que ce médicament sur ordonnance.

Je veux vraiment tirer la sonnette d'alarme.

J'ai refait mes seins, et ça je ne le regrette pas. Pourquoi ? Impossible de modifier la taille de ses seins en faisant du sport. Les fesses, c'est possible !

Après ma liposuccion, bonjour la cellulite. J'ai remarqué avec effroi un horrible amas de matière grasse. Mes fesses sont devenues mon calvaire. Je portais en permanence des longs gilets pour cacher mon derrière. Je ne pouvais plus porter que des pantalons taille haute. Sinon, dès que je me baissais, cela faisait terriblement vulgaire.

J'ai été influencée par les photos vues sur les réseaux. Je vous le dis d'emblée : arrêtons de penser que la chirurgie esthétique est un remède miracle. Ce n'est même pas la moitié d'une solution. Mes shorts taille 34 sont toujours poussiéreux au fin fond de mon placard.

En plus, ma première liposuccion a été ratée. Quand j'ai touché ma peau, j'avais des bosses, des boules sur les jambes. Lorsque je suis passée pour la deuxième fois sur le billard, j'en ai profité pour demander au chirurgien de réduire l'effet loupe qu'il avait donné à mes fesses, car j'étais déjà bourrée de complexes. Franchement, je me demande s'il m'a vraiment enlevé des fesses car il y en avait toujours autant. Je ne les supportais plus. C'était moche et vulgaire. Cela m'a gâché la vie.

Heureusement que ma maman était là pour m'aider à ce moment-là. Neymar travaillait beaucoup donc je suis allée vivre chez elle pendant un mois avec Lyam, pour trouver du soutien et du réconfort. Après cette opération, je pensais revivre. Car c'est bête à dire, mais quand tu perds du poids, tu as l'impression de vivre une nouvelle vie. Tu perds des kilos mais aussi une pression sur ton cerveau, ton quotidien. Malheureusement, en choisissant cette solution de facilité, j'étais plus mal après qu'avant.

C'est quand même bête, no

Les chirurgiens se moquent de nos états d'âme. Je lui avais montré les photos de ma jeunesse, lui demandant d'avoir des fesses un peu bombées, mais pas trop. Quand je suis ressortie du bloc, il m'a dit :

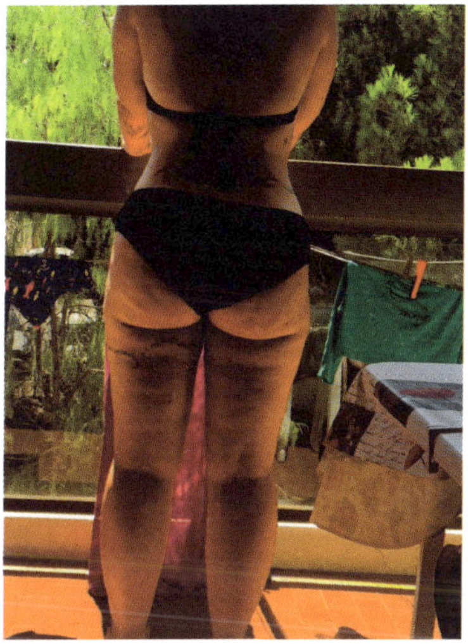

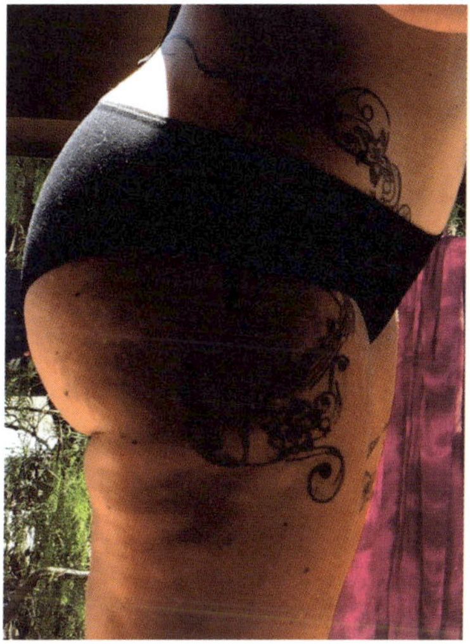

Les fesses que je détestais après mon opération, et le résultat décevant de la liposuccion.

Vous avez vu cette cellulite ? Ces trous ? C'est ça, la réalité de la chirurgie esthétique.

— Kelly, je t'ai fait les fesses à la Kim Kardashian !

— Quoi ?!!

Intérieurement, et sans m'être encore vue dans un miroir, je m'interrogeais sur cette exclamation aussi étonnante que terrifiante. Se moquait-il de moi ?

Il disait la vérité, et le pire, c'est qu'il en était content. Le chirurgien était satisfait de sa « sculpture ». Sauf que c'était moi qui allais devoir vivre avec cette paire de fesses démesurée.

C'est exactement comme quand tu vas chez le coiffeur, que tu lui demandes de surtout ne pas trop couper dans la longueur, et qu'il n'en fait qu'à sa tête en coupant court et concluant fièrement : « Ça vous va super bien ». Sauf que c'est ta coupe, tes cheveux, ton corps. Quinze minutes après, il recommence son petit art sur une autre tête quand toi, tu scrutes ton profil dans la glace du rétroviseur en te demandant ce que vont dire tes amis, tes collègues ou ton mari. Le chirurgien, c'est pareil. Il suit son idée.

Découvrant mon désarroi, il a malgré tout tenté de me rassurer, m'indiquant que j'allais perdre de la masse au fur et à mesure. J'étais censée en perdre trente à quarante pour cent. Balivernes !

Je l'ai très mal vécu. Même Neymar me le disait : « Noue un vêtement autour de tes fesses, on ne voit que ça. » Dans la rue, je sentais le regard des gens. J'avais l'impression d'être devenue une bête de foire. C'était désagréable et vexant. Je ne sais pas comment font les filles de la téléréalité qui font cette opération tout en l'assumant.

Dans ma tête, cela bouillonnait.

Moi qui pensais être mieux dans ma peau.

J'étais pire !

C'est assez terrible à quel point on peut prendre des décisions sans vraiment réfléchir aux conséquences.

Ces liposuccions, c'était la connerie du siècle.

Ou plutôt la seconde connerie du siècle, si tu as bien lu mon premier chapitre.

Dans ma vie, à l'âge de 26 ans, cela commençait à s'accumuler.

Les conséquences sur ma vie sociale ont été terribles, et très radicales. Je ne sortais plus. Je ne voyais plus personne. Je ne prenais plus soin de moi. J'étais dans un abandon total. C'était catastrophique.

De surcroît, la chirurgie esthétique laisse des traces. Je compte bon nombre de cicatrices sur mon corps : des trous, des marques... La convalescence est aussi dure à vivre. On ne marche pas aussitôt, il faut subir une piqûre quotidienne dans les jambes pour éviter tout risque de phlébite. C'est lourd. J'avais du mal à me lever, je pouvais à peine me rendre seule aux toilettes. Mon corps était couvert de bleus. C'est beaucoup trop contraignant pour un résultat raté.

Et ce que l'on ne dit pas, c'est à quel point la chirurgie esthétique donne de la cellulite. Sincèrement, c'est dégoûtant. Qu'est-ce que c'est moche !

J'ai baissé les bras. Cela a engendré de nombreuses disputes dans mon couple. Je me détestais trop pour accepter qu'il puisse m'aimer.

Je me détestais trop
pour accepter qu'il
— puisse m'aimer. —

Avec Neymar, nous avons encore failli nous séparer. J'étais méchante, agressive. Ce n'était pas une vraie rupture, juste une pause. Il est retourné vivre chez ses parents.

Le départ de mon mari a agi comme un déclic. Oh Kelly, tu fais quoi pour t'en sortir ? Voilà ce que mon cerveau me renvoyait jour après jour.

Parallèlement, j'ai été contactée pour participer à l'émission *Mamans & Célèbres*. Cela m'a mis un vrai coup de fouet. J'ai accepté la proposition de la production mais cela me mettait une immense pression. Repasser à la télévision avec ce corps tout difforme, non merci !

J'avais trop peur de revivre les moments angoissants de ma première télé. Les remarques, les moqueries, les critiques... D'autant que cette fois-ci, contrairement à l'époque de mes dix-huit ans, j'étais vraiment en surpoids !

Pour la première saison, je me suis lancé un défi : perdre dix kilos en trois mois.

J'ai ainsi mis en place une nouvelle routine. Chaque matin, je déposais Lyam à l'école, puis je rentrais à la maison où m'attendait un coach sportif pour des cours personnalisés.

J'ai été soutenue par une copine qui avait perdu, elle, trente kilos, sans la moindre opération et sans bêtise. Elle avait vécu ça, elle avait une certaine expérience.

Elle est devenue l'une de mes meilleures amies, dont le parcours de vie ne cesse de m'impressionner. Ce qu'elle a réalisé est exceptionnel.

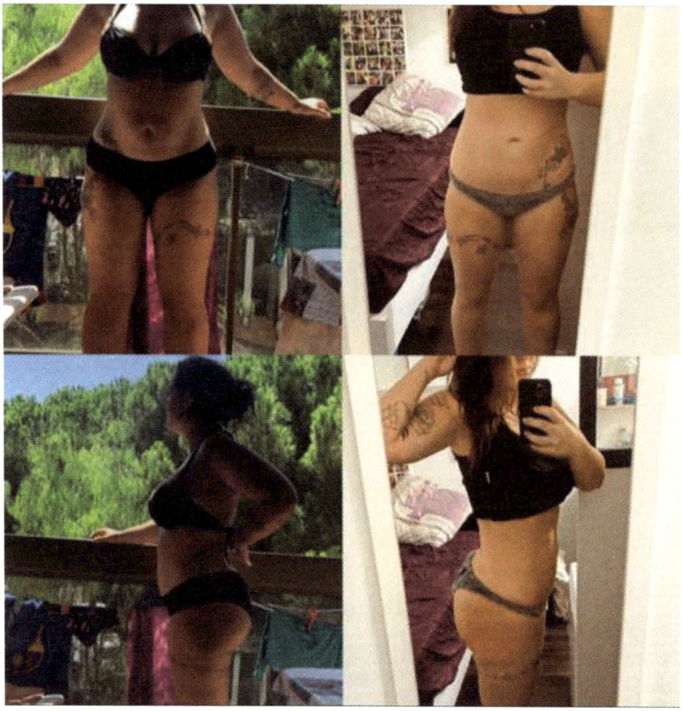

Avant → Après

Après quelques mois de travail acharné, moins 13 kilos ! Poids final : 74 kilos pour 1,61 mètre.

Forte d'une volonté de fer, elle a perdu tout son poids sans artifices. Tout au long de ces dernières années, son amitié et ses conseils m'ont été précieux. Je voudrais maintenant lui céder la plume. À toi, Virginie…

@evie_switch

Témoignage

Virginie Winet : Perdre du poids sans artifices et sans compléments alimentaires

Au moment où je livre ce témoignage, nous sommes le 4 mai 2022, j'ai 30 ans, je mesure 1,65 m, je pèse 58 kilos.

À l'âge de 25 ans, je pesais 110 kilos. Mon cœur menaçait de ne plus jamais battre.

Alors que mes deux enfants, âgés à l'époque de quatre et deux ans, dormaient dans leur chambre, j'ai eu le déclic. J'allais mourir.

Ce soir-là, en mai 2017, j'ai bien failli mourir, posée devant la télé comme à mon habitude, seule, avec pour unique compagnie de la nourriture. Chips, saucisson, tartines de Nutella égayaient ma seconde partie de soirée après mon repas initial - déjà bien riche en proportions.

Personne ne savait ce qui se passait car personne n'aurait pensé que ce mal-être me rongeait depuis des années. J'avais absolument tout dans la vie : un compagnon, un toit, mes parents, un travail à responsabilité. J'étais une jeune femme plutôt drôle, assez à l'aise. D'apparence...

L'obésité infantile m'a touchée vers l'âge de 7 ans. Le harcèlement a hanté toute ma scolarité. Même les adultes, et même mes propres amis, me faisaient subir ce harcèlement. En primaire, j'étais la « grosse vache » ou le « mammouth ». Je n'osais pas manger à la cantine devant les autres, priant le ciel de passer la dernière dans la queue pour que personne ne me regarde manger. Au collège, les pires années : heures de cours séchées dans les toilettes, harcèlement à la cantine où l'on me jetait du pain, et où l'on me renversait mon plateau sous les rires moqueurs des élèves et des surveillants. Même mes propres amis en riaient. Je ne compte plus les qualificatifs dégradants : Bibendum, grosse truie, grosse dinde, grosse vache... Je n'osais pas m'habiller comme mes copines, piquant les vêtements larges de mon grand frère pour cacher mon corps.

Je me souviens du jour où j'attendais mon frère, qui devait me récupérer au collège en moto. Deux élèves ont foncé dans l'arrière de mon genou avec leurs roues de vélo, me faisant lourdement chuter, provoquant les fous rires de tous mes camarades qui patientaient dans les deux bus scolaires stationnés à côté.

La honte.

Ce jour-là, j'ai pleuré toutes les larmes de mon corps. J'ai voulu disparaître pour pouvoir atténuer ma honte et ma peine.

Je n'oublie pas non plus les « pétasses » du collège qui m'ont enfermée dans les toilettes pour m'y enfoncer la tête dans la cuvette, introduisant mes cheveux sous la chasse d'eau. Jamais je n'ai pu aller tranquillement boire une gorgée d'eau ou me rendre aux toilettes sans que l'on me jette des boulettes de papier mouillé…

Au lycée, les accès de bêtise ont baissé d'intensité mais le harcèlement s'est poursuivi de manière plus subtile, plus hypocrite… plus « adulte ». Et plus représentatif de la société.

Mon corps d'adolescente boulotte a commencé à se dessiner en corps de femme et un tout autre aspect est apparu. J'ai commencé à plaire. Sans pour autant ne plus souffrir, cette période a été plus agréable.

Cependant, les critiques acerbes ont continué. Je me souviens de cette conseillère Pôle Emploi :

— Mademoiselle vous n'avez pas le physique de l'emploi.

Tout ça parce que je recherchais un travail dans le secteur des cosmétiques... Je suis restée longtemps au chômage. Pourtant, bien que grosse, j'ai toujours été coquette, habillée en robe, maquillée... Les gens jugeaient avant tout mon poids. C'était de la pure grossophobie.

Bref, je continue de grossir, au fil des années, sous les critiques. Jusqu'à ce fameux jour... cette fameuse nuit...

Vertiges, difficultés à respirer... mon intuition me dit qu'il y a quelque chose de bizarre. Instinctivement j'appelle les pompiers. Aussitôt arrivés, ils convoquent le Samu. Mon état se dégrade, ma vue se trouble, la partie gauche de mon corps se « bloque ». Je respire dans le vide. Je ne respire plus. Je reçois un gros coup de seringue dans la cuisse, écarquillant mes pupilles, faisant rebattre mon cœur, qui... lui, commençait à faiblir.

Blackout.

De mon réveil à l'hôpital, il ne me reste que la vision de blouses blanches, masques et charlottes.

Bip, bip, bip...

Blackout. Encore.

Nouveau réveil. Le médecin m'annonce cette terrible nouvelle : j'ai trop de graisse viscérale autour de mes organes, notamment autour de mon cœur.

– Mademoiselle, vous avez 25 ans. Vous avez échappé à la mort.

Mon taux de triglycérides explose. Le cholestérol emplit mon flux sanguin, le gras ayant rempli plus de 50% de mon corps.

Je m'appelle Virginie, j'ai 25 ans, je mesure 1,65m pour 110kg. Et je vais mourir.

Trop de fierté pour faire quoique ce soit, désemparée, je passe des jours à broyer du noir, me plongeant encore dans la nourriture.

Heureusement, j'ai ma famille, mes amis proches et toute la vie devant moi. Je vais consulter une diététicienne. Le contact passe plutôt bien, c'est une femme d'une cinquantaine d'année, qui était en surpoids et qui a perdu beaucoup de kilos. Super ! ça me motive. Elle sait de quoi elle parle. Je fais des examens afin de pouvoir établir un bilan de santé. J'ai une tumeur cancéreuse. Par chance l'opération se passe bien et je n'ai pas de récidive. Je commence donc ma phase de

« rééquilibrage alimentaire » profitant du post-opératoire pour manger léger. Réapprendre à manger, en quantité normale.

En trois mois je perds déjà 15 kilos rien qu'en mangeant mieux : une petite assiette composée de 150g de viande (soit 1/4), 100g de féculents (soit 1/4) et la moitié de légumes. Un yaourt nature et un fruit en guise de dessert.

Plus de saveurs, plus de plaisir à manger. Je regarde les autres se goinfrer devant moi, frustrée d'être au « régime », sans trop comprendre le fonctionnement du corps humain et du système de sevrage. J'ai compris qu'il fallait trois mois pour obtenir une « habitude ». J'ai donc dû casser mon alimentation pour me réadapter à cette nouvelle routine.

Je me suis résolue à commencer le sport. L'enfer. J'ai toujours été sédentaire, subissant les moqueries en cours d'EPS. Impossible pour moi de m'y mettre. Psychologiquement, j'étais bloquée. J'ai tout de même décidé de m'inscrire dans une salle de sport, où j'ai fait la connaissance de mon coach, avec qui je suis toujours en contact.

Je me souviens des premiers instants au cœur de ce nouvel univers. J'avance, timide, je ne sais pas où je suis, ni comment marchent les machines. Il veut me peser pour établir un profil et prévoir la future évolution. À ce moment-là, je pèse 90 kilos. J'en avais déjà perdu 20. Cela reste la honte suprême. Je baisse les yeux, m'attendant à un énième jugement.

Et non. Je découvre que mon coach est une personne humaine, bienveillante, encourageante, qui m'écoute petit à petit et n'hésite pas à me pousser et à me conseiller. Il me donne un programme de renforcement musculaire, m'expliquant les outils de travail qui me serviront à perdre du poids mais également à augmenter ma masse musculaire (nécessaire pour brûler des calories et ce, même au repos).

On s'est vus quasiment toutes les semaines.

Neuf mois plus tard je me pèse à nouveau :
70 kilos.

Moins 40 kilos !

Je pensais que c'était une épreuve insurmontable mais j'y suis arrivée !

Ce résultat a nécessité deux heures de sport tous les jours et un rééquilibrage alimentaire qui a duré deux ans.

Deux ans sur toute une vie. Ce n'est rien.

J'ai été suivie par une psychologue. 60% du processus de perte de poids passe par le mental. En ce qui me concerne, j'étais obèse durant mon enfance, donc beaucoup de rancœurs du passé sont remontées à la surface. La psychologue m'a beaucoup aidée à m'accepter et à mettre le régime en place. Ayant eu des problèmes de santé, j'ai eu un déclic de survie. J'avais deux enfants. Psychiquement, il s'est passé quelque chose. C'est comme si mon corps m'avait dit stop.

Sans mentir, mon nouveau corps m'a d'abord dégoûtée. Je me voyais toujours grosse. Ma peau pendait, mes cuisses et mes bras ressemblaient à des vieux draps tendus sur un fil... heureusement une abdominoplastie m'a un peu délestée de ce complexe ventral. J'ai alors continué le sport, ayant appris à aimer et à savourer toute activité. Privilégiant les escaliers aux ascenseurs, la marche et le vélo à la voiture, etc.

Aujourd'hui je m'impose des défis. Je n'ai plus besoin de chirurgie réparatrice car avec le sport et les massages ma peau a bien récupéré.

Depuis, je croise des vieux camarades du collège et du lycée. Ces personnes aujourd'hui sont grosses, sont chauves ou ont des carrières ratées... J'ai eu mon « Revenge Body » : je devrais jubiler... Je n'en ferai rien. Faites confiance au Karma et ayez confiance en vous.

Se moquer de quelqu'un de gros ne vous rendra pas plus maigre, se moquer de quelqu'un de pauvre ne vous rendra pas plus riche.

En France, en dix ans l'obésité a triplé. L'obésité infantile est un fléau. Avant de gaver vos enfants parce que vous pensez leur faire plaisir sur le moment, songez plutôt à l'enfer qu'ils vivront. L'obésité est un facteur de cancers, de problèmes cardiaques, de problèmes de fertilité, de diabète, de cholestérol...

L'obésité est une maladie.

Une maladie MORTELLE.

Prenez confiance en vous, mettez votre fierté de côté et allez-y ! La vie peut basculer à tout moment, n'hésitez pas à demander de l'aide autour de vous ou à des professionnels.

Ce qui ne m'a pas tuée m'a rendue plus forte et les critiques ne me touchent plus.

Je suis fière d'avoir perdu 60 kilos par force et volonté !

Ce fut un travail plus ou moins éprouvant pendant cinq longues années mais qui m'ont fait gagner plus de vingt ans de vie. C'est comme la cigarette. La nourriture est une drogue.

Aujourd'hui, nous sommes le 4 mai 2022, je m'appelle Virginie, j'ai 30 ans, je mesure 1,65m, je pèse 58 kilos et mon cœur bat à nouveau.

J'aimerais vous parler aussi de ma rencontre avec Kelly. Elle travaillait dans la boutique que je dirigeais à Carré-Sénart, près de Paris. On a rapidement sympathisé, et c'est devenu une belle amitié. Kelly était enceinte de Lyam. Moi, je pesais 110 kilos. Elle ne m'a jamais jugée. Elle m'appréciait pour mes valeurs. Je pense qu'elle avait elle-même l'habitude d'être dévisagée en tant que personnalité de télé-réalité. Je n'ai jamais fait attention à cela.

J'ai suivi tout son combat contre les kilos. Je l'ai aidée à comprendre que le plus important était de faire en fonction du métabolisme du corps, et qu'un rééquilibrage alimentaire suffisait. Je lui ai expliqué qu'elle devait voir son corps comme un moteur de voiture. On consomme, on mange... On consomme, on mange... Mais cela ne sert à rien de trop manger sans consommer. Elle a vite assimilé. Une fois qu'elle a rééquilibré son alimentation, nous sommes allées faire du sport en salle. En trois mois, elle avait perdu plus de dix kilos. J'étais vraiment impressionnée.

Kelly a une volonté incroyable. Souvent, les gens entendent les conseils sans les écouter. Ce n'était pas son cas. Quand on a les cartes en main, c'est à soi-même de les utiliser.

Il faut vivre dans le monde réel, continuer à allier sport et bonne alimentation. Et surtout, ne pas se priver. Car se priver, c'est se frustrer. Et ensuite on reprend du poids. On peut avoir des moments de craquage. On a le droit de déjeuner au McDo ou de dîner d'une pizza, tant que c'est fait en quantité normale. Le sport est vraiment l'aspect primordial. C'est ce qui nous maintient en bonne santé. Avant le physique, c'est la santé qui compte.

Pour toutes celles qui me lisent et qui ne savent pas trop comment débuter leur perte de poids, je leur conseille d'abord de bien s'entourer. C'est très important d'avoir du soutien, car la société n'est pas là pour nous aider. À partir du moment où on commence, il ne faut jamais lâcher. C'est notre combat, pas celui des autres. Il faut persévérer et ne pas hésiter à demander de l'aide à des spécialistes. Surtout, il ne faut pas compter sur les opérations. La chirurgie, c'est la dernière chance. Ce n'est pas une solution envisageable. Il n'y a aucun miracle. Je connais beaucoup de personnes qui se sont fait opérer et qui ont regrossi deux ans après, prenant le double des kilos qu'elles avaient perdus.

Il faut réapprendre à manger. Casser ses habitudes pour en reprendre des nouvelles. J'encourage évidemment la pratique sportive, quelle qu'elle soit. Cela peut déjà commencer par se rendre au travail à pied, marcher pour aller chercher son pain, se déplacer à vélo. Bouger, marcher au quotidien.

La phase la plus dure, c'est au début. Trois mois sont nécessaires pour casser ses habitudes. L'être humain est fait ainsi, c'est psychologique. Je ne vais pas cacher à quel point ces moments sont éprouvants. Il y a énormément de frustration. Voir les autres manger, c'est douloureux. Il faut parfois se couper de la société pour se concentrer sur soi. Une fois les cinq premiers mois passés, c'est une habitude qui vient naturellement.

Honnêtement, j'ai à peine vu passer les quarante kilos que j'ai perdus. Les quinze, vingt premiers ont été un peu difficiles. Ensuite, j'ai fondu sans m'en rendre compte. Par habitude. Et sans artifices.

Avant → Après

Avec la pression des passages télévisés, je peux te dire que les dix kilos, je les ai perdus en trois mois, sans un seul jour de retard !

J'ai vécu cela comme un défi.

Mais sans soutien, sans coach sportif, je n'aurais pas réussi.

J'avais besoin qu'on m'explique comment faire du sport. Car perdre du poids, OK, c'est bien, mais il faut aussi se muscler.

Se muscler, c'est perdre des centimètres. Se muscler, c'est faire fuir la cellulite.

Malheureusement, on peut perdre du poids tout en se sentant hyper moche avec un corps tout flasque, de la cellulite.

La balance, ça motive, je ne te mens pas. Mais voir ton corps changer et perdre une taille de pantalon, c'est encore mieux.

Dans l'émission *Mamans & Célèbres*, j'ai rencontré Emily Nef Naf, qui m'a soutenue dès le début et m'a proposé gratuitement les compléments alimentaires qu'elle commercialisait. Chaque jour, elle prenait des nouvelles de mon combat.

Elle a été adorable avec moi. Personne ne lui demandait de m'offrir ses produits, surtout qu'elle ne m'a jamais demandé de lui faire de la publicité. Son soutien a vraiment été très important pour moi. Ses mots étaient doux : « Tu vas t'en sortir, Kelly, tu es belle comme tu es. » Elle m'avait conseillé de me photographier régulièrement afin de constater l'évolution positive de mon corps, au-delà des chiffres lumineux inscrits sur la balance. C'est très important d'avoir des gens compréhensifs autour de soi.

Pour la première fois, je m'aidais de produits légaux pour perdre du poids.

@emilienefnaf

“ *Témoignage*

Émilie Nef Naf

Le soutien d’une amie et l’appui des compléments

J’ai rencontré Kelly pendant un tournage filmé par l’émission *Mamans & Célèbres*. C’était à l’occasion d’un salon mondial de la beauté où je tenais un stand pour promouvoir mes compléments alimentaires. La production de l’émission a organisé cette rencontre car Kelly cherchait à perdre du poids et avait besoin de soutien et d’idées.

Je me souviens de notre première discussion. J’avais quelques *a priori* sur elle puisque je ne connaissais que son personnage assez fort des émissions de télé-réalité. Je l’avais vue dans *Les Ch’tis*. Je ne savais donc pas trop à quoi m’attendre.

En fait, j’ai découvert une fille hyper touchante, très gentille, vraie et sincère.

Très motivée, elle avait envie de changer sa vie, de prendre un nouveau départ. Elle voulait récupérer son corps d'avant. Il faut quand même se souvenir qu'avant de tomber enceinte, Kelly avait un corps de dingue !

Elle avait entendu parler de mes compléments alimentaires dans l'émission et sur les réseaux sociaux. Je lui ai détaillé ma cure minceur, celle qui m'avait permis de perdre trente kilos après mes deux grossesses. Je lui ai assuré que si elle le voulait vraiment, elle pouvait y parvenir aussi.

Ce jour-là, elle est repartie avec mes compléments... et une nouvelle amie.

Je l'ai accompagnée tout au long de sa perte de poids. On a beaucoup échangé à distance, et je l'ai revue en Normandie lors d'une réunion de toutes les mamans de l'émission.

Je l'ai incitée à faire son premier « avant-après » et à le publier pour sa communauté sur les réseaux sociaux. J'ai pris une ancienne photo et une nouvelle photo. On a fait un collage et elle l'a posté sur ses comptes.

J'avais envie de l'accompagner car je la sentais à la fois très complexée par ses kilos en trop et très motivée pour ne pas se morfondre. Je voulais être là pour elle, afin de la pousser à réaliser son rêve.

Dès qu'elle a eu le déclic, son physique a évolué très rapidement. Au fur et à mesure des jours, elle perdait kilo après kilo. C'était flagrant ! On se donnait des nouvelles chaque semaine. J'étais très fière de sa progression fulgurante. Donner des conseils, c'est bien. Accompagner une amie, c'est utile. Mais le plus important, c'est la motivation de la personne concernée. Et Kelly n'a jamais lâché l'affaire ! C'est l'élément principal.

Évidemment, on a toutes nos petits coups de mou, quand la vie vient perturber notre équilibre, que ce soit dans la vie personnelle ou la vie professionnelle. Kelly a eu des moments de difficulté ou de faiblesse mais ce n'est pas pour autant qu'elle a abandonné. Elle était vraiment déterminée.

Depuis, elle a encore vécu une grossesse, sa deuxième. Forcément, elle a repris du poids. Je comprends par où elle est passée puisque j'ai suivi le même parcours.

Quand on a tendance à grossir facilement, pour le peu qu'on fasse moins d'efforts et qu'on mange, c'est automatique, la balance ne nous fait pas de cadeau. Kelly a la même morphologie que moi. Notre corps ne nous laisse aucun répit. On doit sans cesse redoubler d'efforts. Quand on est enceinte, les priorités changent un peu.

C'est vraiment difficile. Avec les hormones, les envies... Tout change dans notre tête. Certaines femmes y arrivent très bien mais c'est compliqué de tenir sa ligne pendant cette période. Avec Kelly, on a le même caractère : on aime la vie, la bouffe, les sorties... On n'est pas rigides au point de se priver de tout. On aime tellement profiter qu'il est difficile de respecter les restrictions.

Quand elle a repris du poids pendant sa deuxième grossesse, ça l'a rendue un peu malheureuse, son moral est encore retombé.

Les femmes qui n'ont pas d'enfant ne se rendent pas compte, mais être maman est une activité à temps plein. On a très peu de temps pour nous. Prendre soin de soi, c'est quasiment impossible. Alors quand on reprend le poids que l'on avait déjà perdu, cela anéantit le moral.

Mais aujourd'hui, je la trouve très motivée dans ses objectifs. Désormais, elle vole de ses propres ailes. Elle n'a plus besoin de moi. J'étais là pour la lancer, maintenant elle sait ce qu'elle doit faire, quand et comment. Elle a décidé de suivre d'autres méthodes et elle a bien raison, chacun est libre de faire ce qu'il veut.

Le moteur d'une perte de poids, c'est la motivation. L'envie. Il faut un déclic. Si on ne l'a pas, c'est mort. Il n'existe pas de formule magique.

Chacune doit se lever en pensant : je veux y arriver alors je vais y arriver. Et j'irai jusqu'au bout pour le faire. Si on n'a pas ça, on n'a rien du tout.

Il faut perdre du poids pour soi-même, et choisir sa propre motivation personnelle. Chaque fille peut avoir un objectif différent. Par exemple, on s'achète un joli jean taille 36 en se disant qu'un jour, on rentrera dedans. Évidemment, quand tu l'achètes en surpoids ça ne rentrera jamais. Mais ce séduisant pantalon est là dans ton dressing, et il est source de motivation. Ton but, c'est ça, et tu ne le perds pas de vue. Cela aide à suivre sa ligne de conduite sans dévier. Pour d'autres femmes, cela peut être un mariage. Tu te maries dans un an ? Tu connais la date ? Tu sais donc que dans 365 jours, tu dois peser 55 kilos. Chacune son objectif. Et on ne lâche pas tant qu'on ne l'a pas atteint. On tient bon ! Et on n'oublie pas que c'est personnel. Il ne faut pas écouter les autres. Tout le monde aura son avis sur ton corps et ta perte de poids. Il n'y a que toi qui sait ce qui est bon pour toi. Bien sûr, tu peux t'inspirer, de mon histoire comme de celle de Kelly, mais avec tes propres motivations personnelles et ton propre parcours de vie.

De mon côté, j'ai réussi à perdre du poids lorsque j'ai pris conscience que mon corps ne me plaisait plus. J'ai décidé de me reprendre en main, notamment en faisant du sport, deux à trois fois par semaine… minimum ! Évidemment, je contrôlais mon alimentation. Je mangeais le moins possible de glucides, de féculents. J'ai même suivi un régime végétarien pendant quinze jours. Je ne mangeais que des légumes, tout en me nourrissant de protéines de soja. En fait, j'avais rencontré une fille végan dont le corps était hyper fin : je voulais lui ressembler ! Bon, j'aime la viande donc je ne peux pas m'en priver sur le long terme.

Pour tenir sur la durée, je m'organise ainsi : diète la semaine, plaisir le week-end - seulement une journée. C'est généralement le dimanche, ou parfois le vendredi si je sors ce soir-là.

Aujourd'hui, je reste concentrée sur mon alimentation. J'essaye de ne pas faire d'excès. Mais j'ai des périodes de relâchement, comme chaque personne. Il peut m'arriver parfois d'en avoir assez, de mettre le sport de côté, et c'est comme ça. Cela m'est arrivé pendant le confinement. Ensuite, au bout de quelque temps, je me regarde dans le miroir et je ne me sens pas bien. Et hop, je me reprends en main ! Et c'est reparti pour le régime… J'entends alors les gens dire « ouais, elle fait le yo-yo ». Non, le yo-yo, c’est moi, dans mon cerveau. Je veux m’amuser, puis me reprendre, et ainsi de suite. Je choisis le corps dans lequel j’ai envie d’être. Bien sûr, la constance est une grande qualité. Mais la vie, c’est encore plus magnifique. Parfois j’ai 5 kilos à perdre. Parfois, j’en ai 8. Parfois, aucun. Et je trouve ça cool. Si les gens ne comprennent pas ça, c’est qu’ils n’ont rien saisi au sens de la vie.

Je n'aurais pas mieux dit. J'adore cette façon de voir la vie, et c'est ce que j'essaie de te transmettre.

Avant → Après

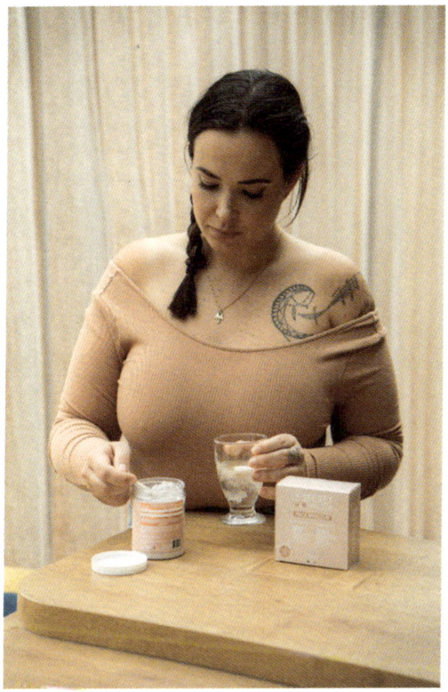

LE SECRET
PACK MINCEUR
SECRET

Je voulais
qu'il ait une maman
épanouie et bien
— dans son corps. —

L'appui de mon mari, aussi, a été capital. Il n'a jamais dévoré une cochonnerie devant moi. Cela compte tellement. Comment veux-tu tenir le coup en mangeant des petites quantités si la personne avec qui tu vis au quotidien se gave en permanence ? Neymar a fait cet effort pour moi. Je lui en suis fort reconnaissante car je sais ce que ça lui a coûté.

Durant cette deuxième perte de poids, j'ai aussi découvert le plaisir de la cuisine. Après le sport, comme j'étais seule à la maison, je pouvais penser à moi, et seulement à moi.

N'oublie pas ça.

Je faisais la sieste. C'est bon pour ton corps de dormir ! N'oublie pas ça. Prends du temps pour toi dès que tu en as l'occasion, même si c'est court, même si ce n'est pas la longue pause dont tu aurais rêvé. C'est toujours mieux que rien. Quand on est maman, on ne choisit pas toujours son quotidien et on suit le rythme imposé par la vie. La charge mentale est lourde, c'est pourquoi la moindre minute pour souffler peut être bénéfique, à condition de bien la mettre à profit.

C'est aussi en pensant à Lyam que je me suis motivée. Je voulais qu'il ait une maman épanouie et bien dans son corps. Surtout, sachant que j'allais repasser à la télévision, je ne voulais pas qu'il subisse les moqueries des autres enfants. Ce n'est pas un secret, les enfants sont très méchants et mesquins entre eux. Je n'aurais pas supporté qu'on s'amuse autour de lui dans la cour de récréation aux cris de « Ta mère est grosse ».

NO
FILTER

Trouve ce qui va te motiver !

La télé m'a servi de carotte. Si je n'avais pas perdu ces dix kilos en trois mois, ç'aurait été la honte. Moi, c'était la télé. Chacun peut trouver son propre déclic, selon sa vie, son travail, son environnement. Il faut se fixer des objectifs qui soient réalisables, évidemment. On ne perd pas dix kilos en trois semaines. Mais il faut prévoir des paliers, des dates butoirs. Sinon, sans véritable motivation, on se dit toujours qu'on n'est pas un jour près pour maigrir, et ce « jour près » peut durer plusieurs mois, voire plusieurs années. Après, quand on en parle autour de soi ou qu'on pose pour une simple photo, c'est la honte. Malheureusement, beaucoup de filles sont dans cette situation.

Une fois mon défi lancé des dix kilos en trois mois, j'ai aussitôt engagé un coach sportif. Je le voyais trois fois par semaine, le matin, pendant une heure. J'avais en outre une séance supplémentaire, seule. Je pratiquais donc le sport les lundi, mardi, jeudi et vendredi. L'organisation était simple : je déposais Lyam à l'école à 8 h 30, et j'étais à la salle de sport à 8 h 45. Ce qui a fait la différence dans mon bien-être, c'est qu'en rentrant du sport, j'étais seule à la maison. J'avais le temps de prendre une douche, de me préparer paisiblement, de cuisiner convenablement puis de me reposer. Après ma sieste, j'allais chercher mon fils à l'école. Tout cela – j'y reviendrai dans la troisième partie de mon journal – on ne peut pas le faire avec deux enfants dont un tout petit. Ce rythme de vie convenait à ma situation. Chacun doit s'adapter.

Je faisais beaucoup d'exercices de cardio, du travail en salle. Je respectais toutes les consignes de mon coach.

Il faut évidemment prendre garde aux blessures. Lorsque j'étais esthéticienne, j'ai eu des problèmes d'épaule car je faisais du sport seule, sans entraîneur ni méthode.

D'ailleurs, j'ai toujours conservé cette fragilité à l'épaule. Je suis très sujette notamment aux torticolis.

Mon travail le plus dur a été de prendre avec plaisir le chemin de la salle de sport. Au début, ce n'était pas le cas. Qu'est-ce que mon coach a pu me soûler ! J'avais envie d'arrêter la séance mais il m'exhortait à continuer. Je râlais. Et puis je réalisais que si je rémunérais un entraîneur, c'était pour des résultats. Ensuite, pour durer dans la pratique, le plaisir est indispensable. Mais avouons-le : pour aimer, il faut aussi avoir des résultats. Le premier mois, j'ai perdu cinq kilos. Le deuxième mois, quatre kilos. Et le troisième mois, trois nouveaux kilos. J'avais donc plus qu'atteint l'objectif en perdant treize kilos en quatre-vingt-dix jours.

Au début, grâce au sport, c'est très rapide. Le sport, c'est bien, mais cela ne remplace pas une alimentation saine. Pour moi, de bons choix de nourriture représentent 80% du travail. Si tu te motives pour aller au sport et qu'en rentrant tu manges n'importe quoi, quel est l'intérêt ? Et si tu n'as pas le temps de manger, il ne faut surtout pas sauter un repas, sinon ton corps ne comprend pas ce qui se passe et cela dérègle tout.

J'avais des envies de fromage. Je te rassure, rien n'a remplacé le fromage ! Tu peux chercher n'importe quel complément, n'importe quel substitut, rien ne recrée le goût du fromage.

Tu verras plus loin, chez FitClem c'est possible.

Je consommais assez peu de produits à ce moment-là : les coupe-faim « Perte de poids express » et les compléments alimentaires « Secret Minceur » (cure de deux mois).

Après ces trois mois très réussis, j'ai continué à perdre du poids. Encore cinq kilos pendant le confinement !

Il y a malgré tout des périodes où j'ai stagné. C'est inévitable. À cinq kilos, tu stagnes toujours. Dix kilos, pareil. C'est toujours difficile, mais c'est là qu'il ne faut rien lâcher.

Pour y arriver, je m'offrais une journée plaisir dans la semaine, systématiquement. C'est essentiel. C'est une journée où tu manges ce dont tu as envie, sans faire trop attention (même si en vérité, on n'arrête jamais d'y penser). Dans toutes mes pertes de poids, j'ai intégré une journée plaisir.

Dans mon nouveau corps, je me sentais beaucoup mieux. J'étais souriante, je cessais de crier inopportunément. Mes relations avec mon mari se sont apaisées au fur et à mesure que je maigrissais.

Les téléspectateurs de *Mamans & Célèbres* pouvaient suivre les étapes de ma perte de poids. Ils pouvaient parfois s'amuser de mes écarts, notamment quand je m'accordais un petit morceau de fromage interdit. Cette émission m'a permis de tenir dans les moments difficiles. Je pouvais constater l'évolution de mon corps. Une caméra ne pardonne pas, donc je me sentais obligée de tenir mes objectifs.

Ensuite, il y a eu le confinement. Je me suis interrogée : comment vais-je tenir mes objectifs toute seule ? Il me restait au moins trois kilos à perdre. J'ai ainsi commencé à faire des exercices à la maison. Ce n'est évidemment pas la même motivation, mais je sais que certaines filles sont contraintes de tout faire chez elles car elles n'ont pas le temps (ni l'occasion, ni l'argent...) de se rendre dans une salle avec un entraîneur. Ma chance, c'est que je partais avec une base. Je connaissais tous les exercices que m'avait

Pour y arriver,
je m'offrais une journée
plaisir dans
la semaine,
systématiquement.
— C'est essentiel. —

enseigné mon coach. Et je m'étais inscrite aux cours à distance de Sonia Tlev. C'est là que j'ai découvert le sport à la maison. C'est plus difficile car il faut se motiver. Mais il n'y a plus d'excuse. Les programmes de Sonia sont faisables partout, même quand on n'est pas chez soi. Il n'y a pas besoin de poids ou d'haltères. C'est vraiment un bon substitut quand on ne peut pas aller à la salle de sport ou qu'on n'a pas les moyens pour un coach sportif. C'est en tout cas bien mieux que ce qu'on lit sur Internet. Parfois, on lit des programmes sportifs sur les réseaux sociaux, on les met en pratique car cela semble adapté alors que finalement ce n'est pas fait pour nous. Et on peut se blesser. Sonia Tlev a un diplôme, on sait quel groupe de muscles il faut travailler. C'est structuré pour avoir un bon résultat. Ça ne s'invente pas. C'est un budget très abordable. On peut avoir un programme pour 30 euros. Et on peut le refaire autant de fois qu'on veut. Je me souviens avoir galéré au début du confinement. Je n'arrivais pas à enchaîner toutes les répétitions.

J'ai refait deux ou trois fois les mêmes programmes et quand j'y arrivais, j'étais trop contente. On peut aussi faire deux programmes dans la semaine. Au lieu d'avoir trois séances hebdomadaires, cela en fait six. On alterne fesses et abdos selon les jours, par exemple.

Et ce n'est pas parce qu'on fait du sport qu'on oublie l'alimentation.

Je suivais aussi le challenge alimentaire So Shape, qui était vraiment très restrictif. Ce sont des substituts de repas à boire le matin, déjeuner libre, et substituts de repas à boire le soir. Ce n'étaient que des repas modifiés.

Et enfin, cela allait tellement mieux avec mon mari… que je suis retombée enceinte.

J'avais perdu tout mon poids… Et j'ai tout repris d'un coup. Canon ! Bravo Kelly…

@ rsauze

@arthur.d.coach

Témoignage

Arthur, coach sportif

Le jour de notre première séance de sport, j'ai trouvé une Kelly motivée. Elle était triste d'avoir perdu son physique d'avant. C'est ce qui façonnait sa détermination.

On se voyait trois à quatre fois par semaine, sur la base de circuits training assez intenses. Dans un premier temps, j'ai dû m'adapter à elle. Kelly n'avait pas fait de sport depuis longtemps. Je me suis calé sur ses capacités physiques du moment et nous avons évolué au fur et à mesure. On a travaillé de façon intensive pendant trois à quatre mois. Et elle a perdu plus de dix kilos ! C'était un super résultat.

On travaillait le bas et le haut du corps. On faisait des abdos. Je lui ai fait faire énormément de cardio, mais pas sur des machines ou des tapis. On utilisait plutôt des cordes à sauter avec des temps de repos très courts. C'est de cette manière qu'on élimine beaucoup plus rapidement les calories et les graisses.

Malgré sa motivation, je devais sans arrêt être derrière son dos. Kelly avait tendance à dire « non, je ne peux pas », ou « c'est fini, je n'en peux plus ». Sauf que j'avais des objectifs à remplir. Je l'incitais à continuer, à ne pas lâcher, et je lui demandais à chaque fois de refaire au moins une fois l'exercice avant d'abandonner. Kelly pouvait baisser les bras. Mais une fois qu'elle avait réussi et qu'elle terminait un exercice, allongée par terre en soufflant et en transpirant, elle était très contente d'avoir réussi.

Je l'avais prévenue : chaque mois, elle devait perdre un nombre déterminé de kilos. Si elle n'y arrivait pas, c'était de son fait car moi, je remplissais ma part du boulot. Et elle a réussi ! C'est l'une des clientes avec lesquelles j'ai eu les meilleurs résultats en aussi peu de temps. Après les cours, elle avait une belle silhouette, un corps tonique et raffermi. Dès le premier mois, j'étais heureux de la voir ainsi. Sa détermination ne l'a jamais quittée, et moi je ne la lâchais pas. On a réussi une vraie transformation.

Au départ, le sport n'était pas automatique pour elle. Kelly en faisait par obligation. Désormais, elle y va avec plaisir. C'est exactement ce qu'un coach recherche.

Pour perdre du poids, il faut créer du muscle. Plus le muscle est présent, plus il demande d'énergie à consommer. Et si ton muscle tonique est fort, tu maigris. C'est pour ça que le cardio sur un tapis ne m'intéresse pas. Il faut travailler l'ensemble du corps pour que ce soit homogène. Un joli corps musclé, ce n'est pas seulement les jambes et les fessiers. C'est aussi les abdos, le dos, le buste, les épaules...

Merci Arthur de ne pas m'avoir lâchée ! Je pense que j'aurais même pu perdre encore quelques kilos s'il n'y avait pas eu le confinement et si je n'étais pas tombée enceinte.

@ rsauze

@ rsauze

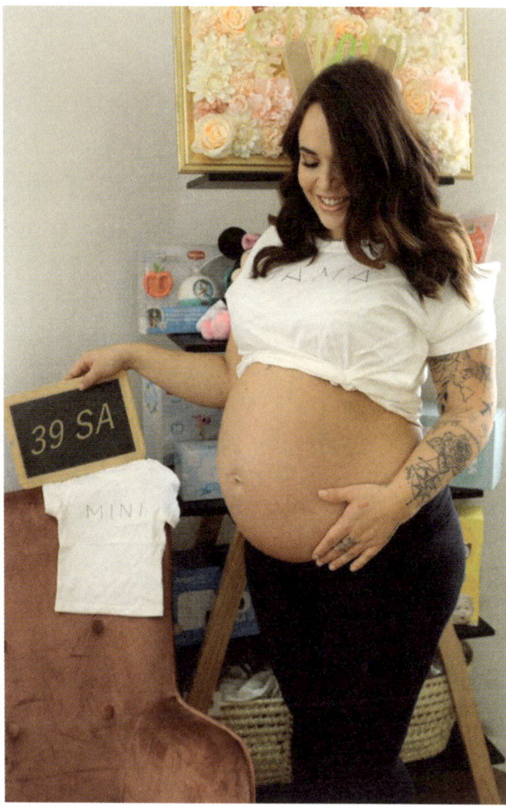

@christelle_photographies

Bientôt nous serons 4 !

@christelle_photographies

PARTIE III :

Une perte de poids sereine, loin des fantasmes des réseaux sociaux

Conséquence directe de ma deuxième grossesse : j'ai pris 25 kilos !

Je ne voulais pas reperdre mon mari une nouvelle fois. Je m'étais vue amincie lors des mois précédant cette nouvelle grossesse et je craignais légitimement de ne jamais plus revoir ce corps.

J'étais malgré tout très heureuse. Ma vie de couple fonctionnait, ma famille s'agrandissait et je désirais ce deuxième enfant.

Toutefois, pour limiter ma prise de poids pendant ces neuf mois, j'ai fait beaucoup plus attention que lors de ma première grossesse. Chaque matin, je buvais un substitut alimentaire au lieu de prendre un petit-déjeuner classique. Cela m'évitait de prendre mille calories dès le matin. Cela me suffisait. Ensuite, évidemment, je me nourrissais normalement le reste de la journée, car je n'étais pas au régime, je devais penser à alimenter mon bébé.

Je suivais en parallèle les cours de Sonia Tlev, adaptés aux femmes enceintes. Cela permet de bouger et de ne pas perdre les réflexes d'activité sportive. Mon poids était donc bien présent dans mon esprit, mais je ne l'ai pas mal vécu. Je savais qu'une fois accouchée, je ne penserais plus qu'à deux choses : la rééducation de mon périnée, et la reprise du sport.

Mais quand ton corps n'est pas prêt, il ne répond pas aux attentes de ton cerveau.

Le début de cette troisième perte de poids a été raté. J'ai logiquement choisi de refaire exactement comme la fois précédente, en engageant un coach, etc. J'avais réussi une fois, en trois mois. Je pensais que cela serait bouclé rapidement.

Mais cela n'a pas fonctionné. Du tout. En huit mois, j'ai perdu deux kilos. C'était ridicule et j'étais démoralisée.

J'aurais pu dire stop comme la fois précédente. Je serais ainsi devenue désagréable avec mon mari et on se serait encore séparés.

Mon moral était à zéro.

Mais j'ai refusé de tomber à nouveau dans l'engrenage.

Qu'aurais-tu fait à ma place ?

J'ai donc tout changé. Changement de méthode sportive. Changement de marque de compléments.

Si tu as des enfants, je ne t'apprends rien...

Un enfant ou deux enfants, c'est tellement différent pour le rythme de vie, le quotidien, le temps pour toi.

Pour cette troisième perte de poids, il m'était donc impossible de suivre la routine précédente avec le coach sportif, la cuisine, la sieste... Désormais c'est ma fille Lyana qui fait la sieste et moi qui cuisine pour elle !

Pour ne pas faire n'importe quoi au niveau de l'alimentation faute de temps, j'ai engagé un traiteur qui prépare et livre tous mes repas (déjeuner et dîner).

Si tu ne choisis pas cette option, tu peux cuisiner toi-même.

FitClem
COMPLÉMENTS ALIMENTAIRES

PIZZA HEALTHY

1

LA RECETTE

Couper le pain pita en 2. Ajouter 3 cuillères à soupe de tomate fraîche (100% tomate) sur chaque pain, puis le thon, les poivrons et l'oignon émincé. Mettre au four pendant 15 min à 190 degrés.

Peut être consommé en rééquilibrage alimentaire ou à partir de la phase 3 du programme perte de poids #byclemmotivation

Petite note de Clem : « Il est bien sûr possible de varier la recette en remplaçant le thon par du poulet ou encore des lardons de dinde ... Pour plus de gourmandise, vous pouvez ajouter de la vache qui rit allégée ou du fromage de chèvre allégé ».

LES INGRÉDIENTS

Pain pita
Tomates fraiches
1 grosse boite de thon
ou 2 petites boites de thon
Poivrons verts
Oignons

VALEURS NUTRITIONNELLES

Pour 2 petites pizzas healthy

325 kcal
2,7g de matière grasse
38g de glucide
7g de sucre
31g de protéine
2,6g de fibre

Cette recette peut être consommée à partir de la phase 3 du programme perte de poids #byclemmotivation

N'oublie pas, tu peux télécharger toutes les autres recettes de Clémentine gratuitement sur son site FitClem.fr

@fitclemfr

Témoignage

Clémentine :

Vive le chocolat !

Avant le début de l'aventure Fit Clem, je gagnais très bien ma vie dans l'électro-ménager en tant que formatrice itinérante. Du jour au lendemain, à l'âge de quatre ans, ma fille a déclaré un diabète de type I. Insuline, glycémie… la vie quotidienne a changé. Je ne pouvais plus traverser la France à longueur de semaines. J'ai ainsi créé ma propre entreprise, Fit Clem.

Pour mon premier enfant, j'ai pris 30 kilos. Pour le deuxième, 22 kilos. Ce n'est pas rien, étant donné que je pèse normalement 60 kilos ! Souvent, les femmes pensent qu'elles peuvent se laisser une année. Ce n'est pas ma façon de penser. J'ai toujours fait très attention à mes pertes de poids après-grossesse, évidemment en mangeant équilibré. J'ai perdu tout mon poids en moins de trois mois, à chaque fois. Le tout grâce à une alimentation équilibrée, riche en protéines. Au bout d'un mois, j'ai repris le sport avec de la marche rapide.

Et au bout de deux mois, le sport en salle avec du renforcement musculaire.

Il ne faut pas penser qu'on peut attendre. Le poids de grossesse ne nous appartient pas. On peut le perdre rapidement. En revanche, si on l'accumule, il va s'incruster dans notre corps et on aura beaucoup plus de difficultés à le perdre. C'est comme les trois kilos qu'on prend en vacances. Si dans la foulée on assiste à un mariage, puis qu'on repart en vacances et ainsi de suite, cela ne peut pas fonctionner. Après un excès, il faut toujours rééquilibrer.

J'ai débuté le sport après la naissance de mes enfants. Avant, j'étais une fainéante : inscrite à la salle de sport sans y aller, essoufflée au bout de cinq minutes du moindre footing. J'ai commencé le sport à 25 ans, un an après ma première grossesse, car je me suis rendu compte que j'étais flasque. J'avais beau manger équilibré et avoir perdu tout mon poids, je n'étais pas tonique. Un vrai chamallow ! J'ai commencé progressivement avec très peu de matériel.

J'ai rencontré Kelly via les réseaux sociaux. On se suivait mutuellement et on a commencé à échanger. Elle avait beaucoup entendu parler de nos produits donc nous avons rapidement évoqué un partenariat.

Je connaissais son histoire. J'avais suivi toutes ses précédentes pertes de poids et les différentes péripéties.

Kelly recherchait surtout des produits gourmands, à base de chocolat. C'est l'élément qui lui manquait lors de ses précédents régimes : ce côté sucré et chocolaté. Chez Fit Clem, on met en avant la gourmandise par l'entremise de nos collations. Ce sont ces goûts-là qui ont attiré Kelly. Elle était tellement frustrée du chocolat ! Elle a aussitôt aimé nos produits.

Kelly est déterminée, très motivée. Elle avait déjà atteint ses objectifs avant sa deuxième grossesse, donc elle sait faire. Je suis convaincue qu'elle va réussir cette fois encore. Elle ne lâche pas et elle fait du sport. Elle a compris l'importance de combiner alimentation et sport.

On échange par messages, on s'appelle régulièrement.

Pour réussir sa perte de poids, une femme doit se sentir prête mentalement. La tête est importante. Il faut toujours garder en mémoire les objectifs qu'on s'est fixés. Les deux premières semaines sont les plus dures. Une fois lancées, les filles voient les résultats arriver et c'est plus facile de tenir. Naturellement, il faut se mettre un coup de pied aux fesses. Lors des premiers jours, on ressent indubitablement le manque de sucre et le manque de gras. Ces sensations de manque disparaissent en même temps que les kilos superflus.

Les premières semaines d'un régime sont très difficiles car il faut se débarrasser de ses mauvaises habitudes.

Ma chère Kelly, je t'envoie à travers ces lignes une forte dose de motivation. Détache-toi du regard des autres et des commentaires méchants des gens.

Tu vas y arriver !

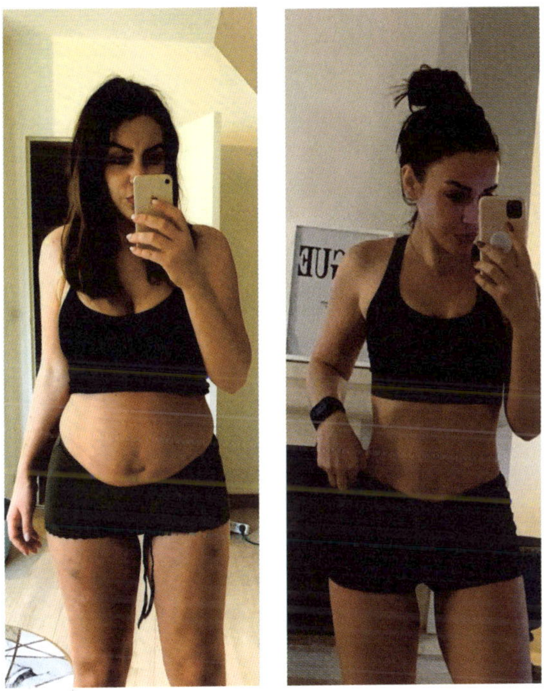

Avant Après

On a un groupe de mamans. On prend énormément de plaisir, on fait du trampoline, etc. ça passe bien avec les coachs. Un grand merci à Vlad, Sam et William de la salle Gigafit Itteville, qui animent les cours collectifs « Trampoline », « Biking » et « Crossfit ».

L'organisation est fondamentale. Pour me permettre de perdre du poids, Neymar et moi avons mis notre vie de couple entre parenthèses. Afin que je puisse aller faire du sport tous les soirs avec les autres mamans, lui reste à la maison pour s'occuper du dîner et du coucher des enfants. Dès qu'il rentre du travail à 19 heures, je saute dans ma voiture et je file à la salle. Ensuite, quand je rentre en milieu de soirée, c'est à son tour d'aller au sport pour se défouler un peu. Ainsi, quand on se retrouve ensemble à la maison, il est pas loin de 23 heures.

J'hésite à écrire le mot « sacrifice ». Évidemment, je sacrifie nos soirées en amoureux. Mais je me sens tellement mieux dans mon corps que je revis. Je ne me cache plus. Je suis heureuse de rentrer. Cet épanouissement n'a pas de prix. On est mieux dans notre couple. On passe de bons moments.

L'appui de mon mari est considérable. Je le sens heureux d'avoir pu m'apporter cet équilibre. On ne se dispute plus. En fait, toutes nos querelles de couple s'expliquaient par mes complexes dus au poids.

Nous n'avons pas commis les mêmes erreurs lors de cette nouvelle perte de poids.

*En fait, toutes
nos querelles de couple
s'expliquaient par mes
— complexes dus au poids. —*

OCEANS APART
OCEANS APART

NO
FILTER

“Témoignage

Neymar : J’ai retrouvé ma Kelly

Nous nous sommes déchirés pendant des années.

Quand Lyam est né, Kelly était en surpoids et ne l’a pas supporté. Quand elle est au fond du puits, je suis mal aussi.

Dans ces moments-là, j’avais l’impression que ma seule respiration était insupportable aux oreilles de Kelly. Elle ne pouvait plus me voir ni m’entendre. J’essayais de faire des efforts, de me rendre disponible pour assurer mon rôle de père. Mais cela n’interrompait jamais le flot de critiques. Tout ce que je faisais était problématique. Si je cuisais un simple steak, elle le trouvait tantôt trop cuit, tantôt pas assez.

Critiques, critiques, critiques....

J’ai fini par dire stop. J’ai continué à payer ma part de loyer de l’appartement. J’ai promis à ma femme et mon fils de ne pas les abandonner, j’ai fait les courses chaque semaine, je m’occupais toujours de Lyam mais j'avais besoin de faire une pause. Il était impossible de poursuivre ainsi.

Je n'étais pas loin puisque durant cette pause, j'habitais chez mes parents, c'est-à-dire à cinq minutes à pied. Je déposais Lyam à l'école et remplissais tous mes devoirs de papa. Kelly s'en est rendu compte. En réalité, je faisais tout comme si je vivais toujours à la maison sauf que je n'y dormais pas. J'ai ensuite compris que Kelly ne voulait plus avoir de rapports avec moi, elle refusait que je la voie en nuisette. Le moment où on éteint la lumière dans la chambre était angoissant pour elle, à cause de ce corps qu'elle n'acceptait pas.

Cela m'a permis de me rendre compte du mal-être de Kelly. En étant à la maison toute la journée, je n'avais pas eu cette patience. À force d'encaisser des critiques quotidiennes, je n'avais pas envie de jouer au psychologue. Je n'ai pas réalisé la gravité de la situation. Plus tard, je m'en suis voulu. Avec plus de recul, plus de réflexion, j'aurais pu lui apporter le soutien et le réconfort qu'elle espérait. Malheureusement, j'étais complètement perdu. Je pensais être la source du problème. Je me demandais si j'avais grossi, si je m'étais enlaidi, si je ne plaisais plus à ma femme. Je me remettais en question. J'ai même cru que je n'étais pas prêt à être papa. Avant cela, on était tellement bien, la vie en rose au fil de nos voyages. Les belles plages, le délire, le kiff... Et du jour au lendemain, je m'en prends plein la gueule !

On aurait pu régler ça autrement. J'aurais dû être plus patient. Elle aurait dû me parler.

Peu importe la façon dont cela s'est déroulé car ça nous a renforcés. Mais si j'avais eu tous ces éléments en ma possession, j'aurais agi différemment.

Il faut comprendre quelque chose. À partir du moment où Kelly a cessé d'être ma copine pour devenir ma femme, je ne regardais plus l'évolution de sa silhouette. Jamais il ne me serait venu à l'esprit de penser qu'elle avait grossi ou qu'elle était moche ou quoi que ce soit de ce genre. Pour moi, sa prise de poids était normale, elle venait d'accoucher ! Je ne lui ai jamais rien dit. Elle s'est mis la pression toute seule. J'ai mes torts, car la communication n'est pas mon fort. Je ne lui ai pas assez parlé. Quand on ne communique pas avec Kelly, elle se braque. Et quand elle se braque, c'est mort !

Quand j'ai compris que le retour à une vie de famille normale était conditionné à sa perte de poids, j'ai incité Kelly à faire du sport pour changer sa silhouette. Je l'ai encouragée à engager un coach sportif. Elle avait peur que je sois jaloux. Je lui ai certifié que ce n'était pas le cas, même si c'était faux. La vérité ? J'étais jaloux à mort ! Mais je n'avais pas le choix.

Quand elle s'est remise au sport, elle a perdu du poids ultra rapidement. C'est comme quand elle a arrêté la drogue. Quand Kelly fait quelque chose, elle ne fait pas semblant. Elle y va à fond !

Peu à peu, elle s'est mieux sentie. Je retrouvais ma Kelly. Je lui ai alors annoncé que je me sentais prêt à revenir à la maison. C'était la proposition qu'elle attendait. L'émission *Mamans & Célèbres* nous a rapprochés car on faisait beaucoup d'activités ensemble.

Je retrouvais ma petite Kelly, ma copine, ma femme, ma complice, mon amante, ma vie... TOUT ! Pas la Kelly qui boude tout le temps et qui fait des reproches pour rien.

Après sa deuxième grossesse, on avait appris de nos erreurs. Il était hors de question de recommencer. On a établi un planning. Je pourrais dire que j'ai sacrifié mon temps pour elle. Mais je ne veux pas employer le terme de sacrifice. Disons que j'ai fait en sorte d'alléger la charge de Kelly en lui laissant la possibilité de mettre tout en œuvre pour perdre du poids. Sinon, on serait retombés dans nos travers.

Ma première décision ? Commander une cafetière. Pour tenir ! On s'est mis à boire du café. Tout le temps.

Ce n'est pas que je me suis rabaissé ou que je me suis fait petit, mais j'ai fait en sorte de faciliter la vie de Kelly en lui offrant la possibilité d'aller faire du sport tous les jours à l'horaire de son choix.

Franchement, les mecs… Ce n'est pas nous qui prenons du poids pendant la grossesse, qui accouchons, qui faisons toutes ces choses incroyables. La femme est magnifique car elle gère les étapes les plus difficiles d'un accouchement. Je peux l'aider et l'épauler autant que possible mais je n'accoucherai jamais d'un enfant. Je ne souffre pas. Mon corps ne change pas. Arrêtons avec cette bêtise de la couvade. C'est parce qu'on dévore du chocolat qu'on prend du poids. Les femmes grossissent parce qu'elles donnent la vie.

J'ai rencontré Kelly il y a onze piges, elle faisait 60 kilos, taille mannequin. Deux enfants plus tard, elle pèse 83 kilos. Qui est le perdant dans l'histoire ? Qui souffre et doit faire tous ces efforts ? C'est la femme.

Elle a pris tellement de poids pour m'offrir les plus belles choses du monde, que je suis obligé de lui offrir une vie où tout est facile pour elle.

Après la naissance de Lyana, on a mis en place une organisation minutée. Je ne prenais même pas de vraie pause déjeuner mais je ne regrette pas ce choix. Ma Kelly était bien !

Les erreurs commises après la naissance de Lyam sont normales. On était de jeunes parents. Cela doit arriver à beaucoup de jeunes pères et mères d'être débordés par l'absence de roulement. Désormais, on sait faire. Et tout va bien !

Kelly est une femme forte. Si j'avais eu son parcours de vie avec les mêmes excès, je ne sais pas comment j'aurais fini. Elle gère tout, pour tout le monde. Kelly gère la maison, les enfants, nos dépenses et nos comptes en banque. Je n'ai même pas de carte bleue. Elle est devenue une femme parfaite. Elle pense parfois que je l'ai façonnée, ou que sa mère l'a façonnée, alors que c'est faux. Elle s'est construite toute seule. Je suis là pour l'accompagner. Mais en vérité, je dois ma propre réussite à Kelly. De A à Z. C'est dur de l'écrire ici. Je suis un homme mais je dois l'avouer. Sans Kelly, je n'en serais pas là. Si je devais réécrire ma vie, je ne changerais rien. Vous connaissez l'histoire de l'homme qui découvre la femme et les plaisirs de l'existence à la fin de sa vie ? Sa vie a été gâchée par ignorance. Nous, on a fait l'inverse. On a tout brûlé avant d'être parents. Aujourd'hui, nous vivons à la campagne. Bien conscients de la réalité d'une vie mouvementée, on est à la recherche d'un quotidien paisible pour nos enfants.

Si Lyam et Lyana lisent ce livre plus tard, j'ai envie de leur dire que leur maman est une femme forte, qui a tout sacrifié pour eux. Il est hors de question de la décevoir : elle a tout fait pour vous ! Depuis qu'elle est mère, Kelly ne s'achète même plus une paire de chaussures. Sur le plan financier, tout est réservé pour les enfants. Kelly est une femme forte qui aurait pu choisir deux parcours de vie : celui où elle profite de son argent en voyageant et faisant la fête, s'occupant d'elle-même avant tout, et celui d'une vie stable avec ses enfants. Même si parfois c'est fatigant, elle est heureuse d'avoir fait ce choix.

J'aimerais évoquer également la superbe relation qu'entretient Kelly avec mon père. Je ne peux pas m'empêcher de laisser couler les larmes en vous racontant cela. Kelly n'a presque pas eu de papa. J'ai parfois l'impression que mon père est aussi le père de Kelly. Je ne suis pas jaloux mais parfois, je suis impressionné de leur complicité très filiale. Il est comme son père par procuration. Je les observe souvent dans le jardin : ils parlent de décoration, de travaux. Mon père considère Kelly comme sa propre fille. Il l'a beaucoup aidée à plusieurs périodes de sa vie. C'est une relation très spéciale, j'adore les voir ainsi. C'est une très belle proximité. Je n'aimerais que ça change pour rien au monde.

Entre la maman de Kelly et moi, c'était très compliqué au début. Elle ne m'appréciait pas trop et avait beaucoup d'*a priori* sur moi, allez savoir pourquoi. Cette femme aime vraiment très fort sa fille. Elles sont incroyablement fusionnelles. Peut-être pensait-elle que je ne m'occupais pas assez bien d'elle. Au bout de quelques mois, la situation était trop dure à gérer pour moi. Je suis allé parler à la mère de Kelly et je lui ai raconté tout ce qu'elle ne savait pas. Je lui ai expliqué que j'aimais sa fille au point de l'avoir aidée à arrêter la drogue. Elle ne savait rien de la consommation illicite de sa fille. J'avais besoin de lui dire afin qu'elle sache qui j'étais. Qu'elle comprenne que j'étais prêt à tout par amour pour Kelly. Depuis, elle me prend au sérieux et cela va beaucoup mieux.

NO
FILTER

Pourtant, j'ai connu des moments de stagnation qui m'ont irritée.

Dans ces moments-là, il m'est arrivé de me jeter sur des sucreries un peu plus souvent qu'une fois par semaine. Bon, ne crois pas que je vidais un paquet de bonbons à chaque craquage. Je mangeais un œuf en chocolat et cela me suffisait.

J'ai tout compris sur la plage, quand Lyana avait trois mois. Rondes, les filles étaient belles avec leurs formes. Moi, je me sentais stupide avec mes complexes.

Je veux dénoncer la tyrannie des corps parfaits qui sévit dans notre société, en existant seulement sur les réseaux sociaux. Toutes les filles sont parfaites sur Instagram, Facebook ou TikTok. En réalité, elles sont comme toi, comme moi, avec beaucoup de défauts. Des rondeurs, des boutons, des taches, des marques, de la cellulite...

Les filtres que l'on ajoute sont des mensonges adressés directement aux gens qui nous suivent. J'ai fini par le comprendre, après en avoir abusé. Dès qu'une photo de moi devait sortir, j'exhortais ma photographe à la retoucher. Quand on perd du poids, on n'a pas toujours la peau très jolie. Après une grossesse, on a souvent des boutons. Avec les filtres, je me trouvais plus agréable à regarder. Cela me permettait carrément d'affiner ma silhouette.

Je fais la promesse ici de ne plus jamais utiliser de tels procédés.

C'est lamentable, et surtout inutile.

Au-delà de trahir les gens qui nous apprécient, on se ment à soi-même. Je finissais par croire que ces photos représentaient la réalité, avant d'affronter plus cruellement la vérité face à un miroir évidemment dépourvu de tout filtre. Si je voyais une photo de moi sans filtre et sans retouche, je ne voulais même pas croire qu'il s'agissait de moi. Je ne me reconnaissais plus. Je me trouvais belle sur les photos alors j'étais moins concentrée sur mes objectifs de sport et de rééquilibrage alimentaire. Le problème, c'est que les producteurs de *Mamans & Célèbres* n'allaient pas s'amuser à ajouter des filtres sur tous leurs plans de caméras. À la télé, les rondeurs et les boutons se voient. Cela ne pardonne pas.

C'est grave, car les influenceuses sont nombreuses dans ce cas-là.

Nous devons enlever ce masque, ce déguisement qui nous empêche d'exister avec nos défauts.

Pour entreprendre cette démarche comme je l'ai fait, il faut apprendre à s'accepter soi-même. Il faut se voir telle que l'on est.

Aujourd'hui, je me sens mieux dans mon corps, même si j'ai encore – des kilos à perdre. –

C'est le principal, non ?

On peut avoir envie de modifier des photos de grossesse, de mariage, d'événements spéciaux, ce sont des photos exceptionnelles. Mais à force de modifier les photos du quotidien, on finit par confondre ce qu'on est, et l'image que l'on renvoie de soi sur les réseaux sociaux.

J'avais fini par me convaincre que j'étais comme sur les photos publiées retouchées, jusqu'au jour où je me suis vue à l'écran dans *Mamans & Célèbres*, et la réalité a repris le dessus. Mon téléphone est rempli de mensonges, je m'en rends compte maintenant, quand je recherche des photos non retouchées, que je n'ai plus.

C'est dramatique.

Regardez la différence entre ces deux séries de photos : quand je pose, je ne suis pas très à l'aise, mais dès que ma fille me rejoint, le naturel revient. Je me sens belle entourée de mes enfants.

Le problème, c'est le regard des gens. Dans ma vie quotidienne, dans la rue, personne ne me dit que je suis grosse. Mais sur Internet… c'est un déferlement.

Le début des réseaux sociaux a été douloureux à vivre. Aujourd'hui, je suis plus forte, grâce notamment à mon mari. Mais au début, j'étais inondée de messages désagréables. « De toute façon, t'es grosse, ça sert à rien ! » Quand tu viens de perdre 13 kilos et que tu lis ce type de message… Chaque personne a son avis sur la façon dont je devrais procéder dans ma vie. Il y a un truc que je ne comprends pas : moi, quand je n'aime pas quelqu'un, je ne lui écris pas de commentaire. C'est parfois d'une méchanceté terrible.

Parfois, je me dis : OK, je m'en moque, ça passe par une oreille et ça sort par l'autre. On peut se le dire. On peut faire croire aux gens que la violence des réseaux sociaux ne nous affecte pas. Mais c'est faux.

Les réseaux sociaux empirent année après année. Beaucoup de gens en souffrent.

J'aimerais faire un petit aparté. C'est avant tout pour soi qu'il faut le faire. Les kilos, en soi, on s'en moque. L'essentiel est de se sentir confortable dans son corps. Si tu te sens bien dans ton corps, tu seras heureuse et tu développeras une relation apaisée avec ton conjoint. À l'inverse, si tu te détestes, tu vivras l'enfer avec lui. Certaines filles acceptent leur corps de 80 kilos, d'autres ont besoin de ne pas dépasser la barre des 60. Tout dépend du ressenti de la personne. Cela ne sert à rien de s'identifier à quelqu'un d'autre. Tu es toi. Pas ta copine, ni la fille que tu suis sur Insta. L'unique sensation qui compte est le bien-être dans ta propre peau, ton propre corps.

Les réseaux sociaux, tu les lis ou tu ne les lis pas. Au bout d'un moment, j'ai cessé de lire. Quand tu as subi tout ce que j'ai subi… Je dois avancer pour moi, pas pour mes followers.

J'aimerais que mon appel soit suivi par toutes les autres influenceuses. C'est très simple d'écrire « ne critique pas le physique des gens, aime-toi comme tu es, accepte ton corps » alors qu'on passe trois heures chaque semaine à retoucher la moindre photo avant de la publier. Enlève tes filtres avant de parler !

Pour moi, c'est fait.

Et je ne reviendrai pas en arrière.

Je veux montrer la réalité de mon corps.

Oui, j'ai des vergetures. J'ai de la cellulite. Pourquoi le cacher ? En ce moment, je parviens à faire disparaître ma cellulite à coup d'efficaces séances de sport. J'en suis hyper fière, beaucoup plus que si je l'avais effacée en vingt secondes sur Insta. Le sport m'a permis de me débarrasser du surplus de graisse horrible sur mon corps. J'ai réussi à me débarrasser des fesses « sculptées » par mon chirurgien esthétique. Je n'ai même plus de cellulite. Aujourd'hui, je ne suis plus complexée par mes fesses.

J'ai mérité ce progrès sur mon corps. Et si je n'y étais pas parvenue, peu importe. C'est comme des cicatrices, c'est mon parcours de vie.

Je ne vous cache pas que c'est dur à accepter. Parfois, je pianote de longues minutes sur mon smartphone en me demandant si je vais poster telle ou telle photo. Mais quand je franchis le pas, je suis contente. Parce que j'ai conscience d'avoir publié la réalité de mon corps, pas une fausse Kelly.

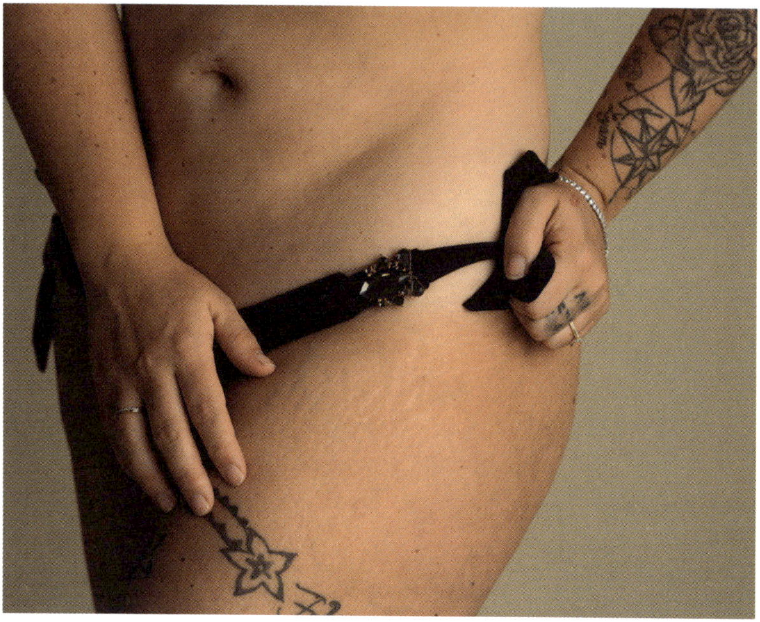

Pour ceux qui aiment me critiquer, cette photo avec mes vergetures, c'est cadeau !

J'aimerais que mon appel soit suivi par toutes les autres influenceuses.

Enlève tes filtres
— avant de parler ! —

Évidemment, il y a toujours des imbéciles qui commentent les photos pour critiquer.

Si je publie des photos sans filtre, c'est pour toutes les autres filles. Je refuse que les nanas se sentent complexées en imaginant que mon corps est parfait quelques mois après une deuxième grossesse. C'est faux !

Si les femmes sont complexées, c'est ainsi que leur couple va mal tourner, que leur vie deviendra un enfer.

Pire, des adolescentes peuvent tomber dans la drogue pour oublier les moqueries, les soucis ou comme moi à vingt ans, pour perdre du poids.

On n'imagine pas le mal que ces petites choses peuvent engendrer.

En tant qu'influenceuses, nous devons honorer cette responsabilité. Stop aux mensonges.

Franchement, quand tu vois des photos sur Instagram, tu ne peux pas t'empêcher de jalouser les filles. « Waouh, elles sont trop belles. » Et quand tu les vois en vrai, elles sont comme tout le monde. La plupart des filles cachent leur ventre. Moi-même, j'ai d'abord complexé. Oh, les filles, on est mamans, on a porté la vie, acceptons notre ventre tel qu'il est ! Il raconte une ou plusieurs histoires. Si nous montrons toutes nos vergetures, les complexes disparaîtront.

J'espère que mon cri du cœur ne restera pas sans réponse.

Je veux aussi parler en toute franchise de ce nouveau mot à la mode : « Influenceur/se ». Des jeunes m'écrivent

Oh, les filles, on est
mamans, on a porté
la vie, acceptons
notre ventre
— tel qu'il est ! —

parfois pour me dire qu'ils veulent faire de la télé-réalité. Il arrive parfois que des adolescents répondent « influenceur » à la question : Quel métier souhaitez-vous faire plus tard ? Je réponds mille fois « non ». Candidat de télé-réalité, ce n'est pas un métier. Tous les jours, j'ai peur que cela s'arrête et je m'interroge sur la suite de ma vie. J'ai de la chance de faire des émissions depuis plus de dix ans. Pourtant, cela ne m'a pas empêchée d'essayer d'en sortir. Je travaillais quarante-et-une heures par semaine, cumulant trois jobs à la fois. J'étais directrice de boutique, je vendais des Thermomix pour mon propre compte et je débutais le placement de produits. Tout cela pour essayer de m'en sortir. Il ne faut pas croire que la télé-réalité nourrit nos enfants. Quand Lyam est né, c'est ma mère qui a payé tous ses vêtements. Ma belle-mère finançait tous les achats de nourriture. La télé, c'est furtif. Instantané.

Je ne comprends pas les influenceurs qui affichent leurs dépenses à tout-va. C'est du paraître ! À qui veux-tu plaire ? Qui veux-tu impressionner ? C'est l'avenir de mes enfants qui m'intéresse. Pas de parader dans la rue avec un sac de luxe. On ne me verra jamais avec un sac à main d'une valeur supérieure à 100 euros. Idem pour les paires de chaussures, c'est 50 euros maximum. On peut avoir de temps en temps un cadeau. Mais cela ne doit pas devenir une habitude. Je préfère faire des investissements immobiliers, penser au futur de ma famille. Je ne suis pas là pour impressionner ma communauté. Récemment, une fille m'a interpellée sur Instagram au sujet de mes ongles, parce qu'ils n'étaient pas vernis. Oh ! ça fait trois jours que je passe le Kärcher dehors, je me moque que mes ongles soient soignés ou pas ! Je me moque de paraître. Les filles sur les réseaux pensent-elles que je vais faire mes ongles pour elles ?

Moi, si la télé s'arrête dans trois ans, j'ai mis un peu d'argent de côté. J'ai fait attention. Je n'ai pas dépensé mon argent dans les fringues. Honnêtement, je m'interroge souvent : le jour où la télé-réalité ne fera plus recette en France, j'ai peur de ce que vont devenir certains candidats. On va connaître des dépressions, voire des suicides. Certaines personnes ont passé l'essentiel de leurs dernières années à vivre au-dessus de leurs moyens, à profiter des cadeaux des grandes marques, et d'un seul coup il ne leur restera plus rien. Que vont-ils faire ? Leur monde va s'effondrer. Il faut le dire aux adolescents : la télé-réalité n'est pas un plan de carrière. Moi-même, je suis préoccupée par l'après-télévision alors que j'ai suivi des études. Je regrette de ne pas avoir validé une licence, mais je ne me suis pas contentée du minimum (le Bac, qui ne sert à rien tout seul...), j'ai passé un BTS en esthétique. J'ai un bagage. Pourtant, j'étais déjà dans *Les Ch'tis* pendant mes études, mais je n'ai pas cessé mon BTS pour autant. La télé-réalité, c'est bien. Tu kiffes, tu prends ce qu'il y a à prendre, sans oublier la vraie vie pour autant. Il faut toujours se dire : demain, ça peut s'arrêter.

Le problème, c'est qu'on éprouve des difficultés à trouver du travail quand on est une candidate de télé-réalité. Quand Lyam est né, de nombreux jobs me sont passés sous le nez. Les recruteurs me disaient : « Tu fais de la télé, tu peux nous lâcher n'importe quand pour faire une émission. » Beaucoup de portes restent fermées. La télé-réalité me colle à la peau. Il m'est arrivé d'être dérangée, voire insultée, par des jeunes qui me reconnaissaient dans la rue. Pourtant, j'avais tout arrêté depuis trois ans. Ainsi, quand je travaillais à Évry, la BAC me servait parfois de protection pour m'éviter ce genre de désagréments. Cela arrivait souvent. Appelez-vous cela une vie ?

Influenceur, cela peut aussi s'arrêter du jour au lendemain. Certains font vraiment tout et n'importe quoi. En ce qui me concerne, j'attache beaucoup d'importance à la qualité du produit. Je teste tout ce que je propose sur mes réseaux. Je réponds aux questions des membres de ma communauté.

On doit voir ça comme un plus. Pas comme un plan de carrière. Mon mari continue l'émission de télé-réalité mais il a un travail à temps plein. Pourquoi ? Parce qu'il a un salaire garanti à vie ! Si la télé s'arrête, il n'aura pas le moindre problème.

Je ne vais pas mentir : si je n'ai plus d'émission demain, je vais devoir trouver un travail et cela me fait peur. Aujourd'hui, j'ai la chance de passer mes journées avec ma fille, de recevoir plein de cadeaux. Le retour à la vie active serait compliqué.

Je connais d'anciens candidats de *Secret Story* ou des *Anges de la télé-réalité* qui sont aujourd'hui en grande difficulté. Leur parcours s'est essoufflé et ils font tout pour retrouver un contrat dans une émission. C'est dur.

La télé, c'est juste du kiff. Et il faut rester soi-même. Je vois tellement de candidats qui se donnent un genre à la recherche du buzz. Si tu es toi-même, les gens le voient, et cela marche. Aujourd'hui, la télé-réalité est partout, les émissions se multiplient. À l'époque, nous étions presque les premiers. L'activité d'influenceur n'existait même pas. Si j'avais commencé la télé-réalité en 2020, j'aurais gagné plus d'argent.

Dans nos émissions de l'époque, nous étions naturels. Tout était plus simple. Aujourd'hui, tout est organisé. Ce n'est même pas une histoire de manipulation par les productions. Ce sont les candidats eux-mêmes qui prévoient leur buzz dès qu'ils mettent les pieds dans une émission. C'est dommage. Les gens se donnent un rôle.

Il ne faut pas chercher à plaire aux gens qui te suivent sur les réseaux. Chaque effort que tu fais dans ta vie, cela doit être pour ton mari, pas pour tes followers. Évidemment qu'on vit grâce à eux. S'ils ne nous regardent pas, on n'est personne. Mais il ne faut pas s'inventer un personnage.

Depuis que les gens me découvrent dans *Mamans & Célèbres*, ils voient comment je vis : sans nounou, sans femme de ménage. Parfois, ma maison est en plein bordel. C'est ça, la vie ! Les gens aiment ça. Je leur montre la réalité d'une vie de famille avec deux jeunes parents et deux enfants en bas âge. Le bling-bling ne me correspond pas. Mon rêve, c'est de faire le tour du monde en sac à dos, découvrir les réalités des différents continents, connaître les richesses comme les endroits défavorisés. Quand mes enfants seront grands, j'aimerais aider une association humanitaire pendant quelque temps.

ÉPILOGUE

Mon rapport au poids pour le reste de ma vie

Désormais, je me sens bien dans mon corps. J'ai envie de prendre soin de moi. De m'occuper de mes ongles, de m'habiller comme une femme. Je porte des maillots de bain deux-pièces.

Les années à venir ne seront plus un combat pour la perte de poids. Bien sûr, les femmes ne sont jamais satisfaites, donc j'aurai toujours des petits kilos à perdre, ou une volonté de muscler mon corps. Mais la bataille, c'est terminé. Pleurer devant un miroir, finito ! Je me sens belle.

Le régime sera remplacé par l'hygiène de vie. Pour m'affiner et me muscler.

Bien sûr, il y aura des hauts et des bas. Mais ce sera désormais des écarts de 1 à 3 kilos, ça changera des variations de 10 kilos. Je ne veux plus combattre.

Quand on est gourmande comme moi, il faudra toujours penser à faire attention.

J'arrêterai un jour la plupart de mes compléments alimentaires, mais pas tous.

Je poursuivrai les collations de Fit Clem car c'est toujours un plaisir. Ce seront mes gourmandises.

Je poursuivrai aussi les capteurs de graisse, avant des gros repas comme une raclette. Cela évite de stocker la graisse. C'est l'affaire d'une ou deux fois par semaine, pas plus.

Je continuerai certaines choses pour mon bien-être, pour l'été, pour nettoyer mon foie.

Mais ce ne sera plus dans l'optique de perdre du poids. Ce sera pour prendre soin de mon corps. Pour être bien.

Je ne pense pas avoir besoin encore longtemps des coupe-faim, car mon estomac s'est rétréci avec le temps. Je ne me prépare plus des assiettes aussi grandes qu'avant.

Pendant l'écriture de ce livre, je viens de subir deux nouvelles opérations de chirurgie esthétique.

J'ai fait un lifting des seins car à la place de la poitrine, j'avais des gants de toilette qui disaient bonjour en direction du sol ! Impossible de modifier cela par du sport. J'en ai profité pour changer mes prothèses vieilles de dix ans, avec une taille en-dessous, et j'ai fait remonter mes seins. Je l'ai fait pour moi, pas pour les gens. Avant cela, je portais toujours un t-shirt devant mon mari.

J'en ai profité pour faire une micro-liposuccion en bas du ventre, en-dessous du nombril. On n'a rien touché aux côtés. C'est vraiment pour corriger les défauts moches dus aux grossesses. Avec le sport ç'aurait été impossible.

J'avais envie de redevenir une femme, pas seulement une maman. J'ai seulement 30 ans, je veux être bien dans mon corps et me plaire.

Je n'ai pas eu peur d'une mauvaise surprise comme lors de mes premières opérations, car c'était beaucoup mieux préparé, avec de vrais spécialistes. J'étais en France, près de chez moi. Je sais qu'il y a ici un bon système de santé. Avant l'opération, j'ai fait une prise de sang, une mammographie.

En revanche, j'ai eu peur de mourir. Quand on a des enfants, l'anesthésie générale est traumatisante. J'ai eu la crainte de laisser seuls mon fils et ma fille pour une cause qui bien qu'essentielle pour moi, était non vitale. Désormais, j'espère ne plus jamais retourner sur le billard.

Il y a toujours un prix à payer avec la chirurgie esthétique. Je me sens belle, jeune, comme si j'avais 18 ans. Mais lorsque je retire mes habits, j'ai la marque des cicatrices. Je le vois devant le miroir. Mon mari le voit. Je ne regrette pas de l'avoir fait pour autant. Mais il faut le savoir et l'accepter.

Cela n'a pas d'incidence sur mon poids. C'est seulement pour tendre la peau du ventre comme elle l'était avant mes grossesses. Au contraire, j'ai repris un peu de poids car je ne faisais plus de sport. Après une opération, tu as envie de te réconforter et donc tu manges des bêtises !

Ces photos ont été prises un mois après l'opération. Il faut compter un an pour avoir le résultat final, les cicatrices vont encore s'estomper.

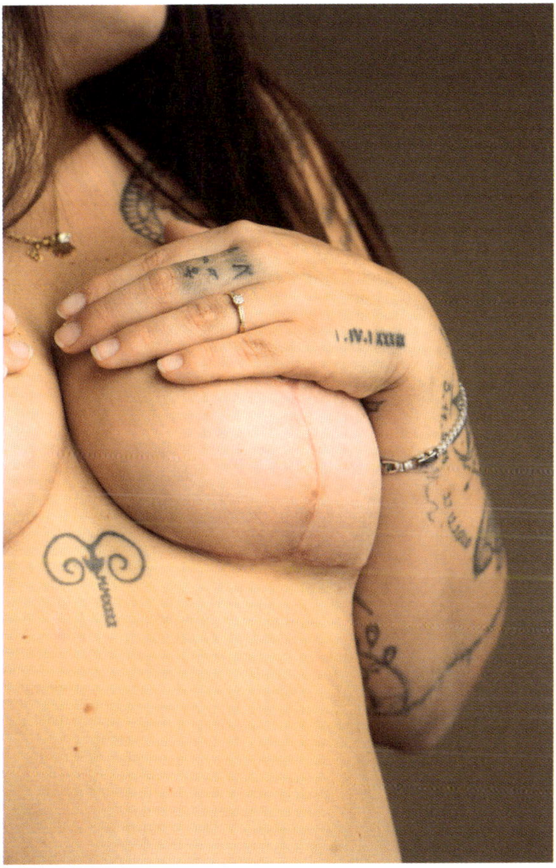

Merci au Dr Montoneri pour son écoute et sa bienveillance. Il est spécialiste de la reconstruction mammaire, il consulte à Paris, je vous le conseille ! Même pour ces messieurs, il est expert en implants capillaires ;)

@docteurmontoneri

Suite à l'opération, la tenue du régime est très difficile. J'ai dû arrêter le sport pendant cinq semaines. Mes mauvaises habitudes d'alimentation reviennent. J'ai fait une coupure et cela se ressent sur mon poids. Fromage, chocolat… J'ai repris quelques petits kilos mais pas trop d'un coup, grâce à mon rééquilibrage alimentaire. Ce qui met du temps à revenir, c'est la motivation. Je revois ma peau se détendre et cela m'agace. Il me tarde de reprendre le sport.

J'ai hâte de retrouver le rythme de vie qui me correspond.

Ce qui est important, c'est l'hygiène de vie, le rythme de vie.

Il ne suffit pas de s'arrêter quand on a perdu ses kilos. Sinon, la peau se détend et le poids reviendra peu à peu au bout d'un an.

Il n'y a jamais d'acquis.

Il ne faut pas vouloir tout d'un coup.

Et garder la motivation.

Évidemment, je ralentirai le rythme de mes séances de sport. Je ne vais pas éternellement passer six jours sur sept à la salle de sport, même si j'aime ça et que j'apprécie ce temps avec mes copines.

Pour terminer, j'aimerais t'adresser ce dernier conseil : personne ne va te tendre la main pour commencer ton régime et ta nouvelle vie. C'est à toi de faire ce premier pas. Et à ce moment-là, les gens te soutiendront et des amis t'apporteront des solutions.

Mais c'est à toi de jouer…

Si j'ai pu le faire, tu le peux aussi !

Je me sens bien, j'étais fière de vous partager cette photo sur Instagram. Mais certains commentaires que j'ai reçus m'ont déstabilisée. On m'a parlé d'une maladie, le lipœdème, un trouble chronique héréditaire de la répartition des tissus adipeux au niveau des cuisses, jambes et hanches. Voilà un nouveau sujet à explorer…

Voici l'histoire de cette robe : sur la première photo, je pèse 9… kilos, pas 100, mais presque. Sur la deuxième, me voici à 74 kilos, quelle évolution ! Et la dernière, post-opératoire, avec la poitrine de mes 18 ans. Si vous regardez bien, sur la deuxième, ma poitrine dit bonjour vers le bas ! Un sourire, une acceptation de soi, je me trouve belle, et c'est le principal.

OCEANS APART

LES TIPS DE KELLY

Le sport

Tout le monde va te dire : si tu veux perdre du poids, tu n'as qu'à faire du sport.

Facile à dire pour ceux qui n'ont pas de problème avec la balance, ou pour ceux qui pratiquent un sport-passion depuis toujours.

Et si je ne suis pas sportive ? Et si je n'ai pas le temps ? Et si je ne sais pas quel sport choisir ? Et si je suis trop timide ? Et si je n'ai pas d'argent ?

Il y a mille raisons d'être rebutée par le début d'une pratique sportive, alors laisse-moi te donner quelques solutions.

→ Que faire en cas d'échec ?

Si tu sues pour rien lors d'exercices de sport à la salle chaque matin, peut-être que tu es plus du soir et que tu seras plus à l'aise à 19 heures qu'à 7 heures ? Tu auras peut-être plus de forces. J'ai une amie qui suit ses cours de sport à 6 heures du matin. Personnellement, j'en serais incapable.

Tu n'arrives pas à faire du sport toute seule. Inscris-toi dans un cours collectif !

Tu te sens intimidée lors des cours en public ? Fais appel à un coach sportif particulier.

Tu vois ce que je veux dire ? Tu dois aimer ta pratique sportive et faire les choses correctement.

Si tu pars en disant : « OK je vais à la salle ce soir, je vais me tuer pendant une heure », c'est une grosse erreur. Tu vas être dégoûtée du sport, voire même te blesser au genou ou ailleurs. Bonjour les courbatures…

Lors de ma deuxième perte de poids, je ne supportais pas les cours de sport collectifs. J'ai donc engagé un coach sportif qui venait chez moi une fois que j'avais déposé Lyam, mon fils, à l'école. Mais ça, ce n'est plus possible maintenant que je garde ma fille à la maison. Chacun doit s'adapter.

Le choix du coach est aussi capital. Une relation saine doit s'instaurer. Mon coach était sévère avec moi. Il n'y avait pas d'autre solution pour que je sois sérieuse dans mes exercices.

Récemment, j'ai consulté une étude sur la pratique du sport. Je lisais que quatre minutes très intenses étaient équivalentes à une heure de sport raplapla. Tu te rends compte ? Donne-toi à fond cinq minutes dans ta journée. Ne te dis jamais que ce n'est rien ou insuffisant.

Si la méthode miracle n'est pas universelle, il faut aussi accepter le fait qu'elle ne soit pas éternelle. La recette qui fonctionnait parfaitement quand tu avais vingt-huit ans sera peut-être inefficace quand tu en auras trente-deux. Il ne faut pas s'arrêter à cela. À des moments différents de ta vie, ça marche ou ça ne marche pas. Moi, quand ma méthode ne marche plus, je change.

Pour ma troisième perte de poids, le sport ne me faisait plus perdre un gramme. Je n'étais plus du matin !

J'ai testé un exercice de biking programmé le soir, et j'ai rencontré un petit groupe de mamans. Des nanas de 25 à 50 ans. Chaque soir, on se retrouve pour des cours collectifs. Avec elles, je me sens bien. Avant, j'étais réfractaire.

Il faut trouver la bonne méthode sans jamais se décourager. Cela peut prendre plusieurs mois. Cherche ton rythme sans baisser les bras. Une fois que tu l'as trouvé, c'est nickel. Presque facile !

Ensuite, le sport n'est plus une obligation. C'est un plaisir, voire un besoin.

Si tu trouves le sport qui te correspond, c'est bon.

Tu ne veux faire que des abdos-fessiers ?

Seul un vélo te permet de perdre du poids ?

Tu ne peux rien faire d'autre que de la marche ?

Vas-y ! Ne t'embête pas avec autre chose. Tant que le plaisir est là… tant que le résultat sur ta balance ou dans tes yeux face au miroir te convient. Ne laisse personne te dire que ton sport n'est pas assez bien, pas assez efficace, pas assez amusant. Honnêtement, si tu atteins tes objectifs en montant et descendant à l'envi tes escaliers, qui cela dérangera-t-il ?

Il faut trouver la bonne salle avec le bon cadre, les bonnes amies, le bon coach. La motivation ne vient pas comme par enchantement. Moi, au début, je n'étais vraiment motivée par rien.

« Mon organisa

On est toutes différentes.

Virginie, Émilie, Clémentine et moi avons chacune deux enfants et notre pro organisation pour réussir à faire tenir nos séances de sport, nos courses, nos mome pour nous, la réalisation des repas, etc. dans nos plannings surchargés de mamans.

Et toi, quelle organisation peux-tu mettre en place pour atteindre tes objectifs ?

Allez, on ne lâche rien !

	Lundi	Mardi	Mercredi
Virginie Le soir	Je fais environ 3 séances de 45 minutes de HIIT par semaine, av étirements. Si je loupe une séance, je me rattrape en allant marche au quotidien : je me lève régulièrement de la chaise de bureau, je m		
Émilie	Trois fois par semaine, exercices axés principalement sur le fitness beaucoup de mamans... Cela dépend de mes enfants et de leur emp		
Clémentine Sport à la maison, tôt le matin	Je fais du sport entre quatre et cinq jours par semaine, très tôt le m de sport dans mon sous-sol. Si je travaille les fessiers et les jamb lendemain. J'alterne cardio et renforcement musculaire, avec des p		
Kelly Sport en salle, le soir	Trampoline	Cross Fit	Biking
Et toi ?			

sur la semaine »

Jeudi	Vendredi	Samedi	Dimanche
uffement, un peu de Yoga et des soir avec mon chien. Et surtout, je bouge je privilégie les escaliers		Balade en famille	Repas plaisir
ucun horaire établi à l'avance, comme			Repas plaisir
à six heures. J'ai installé une petite salle ris une séance de cardio sur le tapis le 'me beaucoup la marche rapide en pente.			
Biking	Biking Repas plaisir	Trampoline (quand je peux)	Cheval

LES TIPS DE KELLY

Résister à la tentation

C'est l'un des aspects les plus difficiles et les plus horribles dans une perte de poids.

La tentation de la nourriture.

Elle est partout !

Personnellement, j'adore manger. J'adore la nourriture. Je déteste me priver.

C'est particulièrement difficile quand on stagne sur la balance. Durant ces moments frustrants où on ne perd plus rien, on a tendance à râler et se jeter sur de la nourriture réconfortante. C'est généralement au palier des dix kilos que l'on stagne. Cette barrière des dix est fatale ! On se dit toujours : « Je mange les bonnes quantités, je vais à la salle de sport tous les jours, et je ne perds pas un gramme ?! » C'est dans ces instants qu'il faut être plus fort.

Malgré tout, laisse-moi m'installer quelques instants avec toi sur le siège du confessionnal. Je n'écris pas ce livre pour me faire passer pour la super-héroïne qui mange bien du lundi au dimanche, du 1er janvier au 31 décembre. Si j'ai décidé de publier des photos sans filtre et sans retouches, ce n'est pas pour aseptiser mon récit. Je ne vais pas faire de la langue de bois. Je suis humaine comme tous mes lecteurs. Évidemment, je craque ! Surtout qu'avec mes enfants, j'ai un tiroir rempli de chocolat. Donc, bien sûr, je pioche dedans quand la faim, la gourmandise ou la lassitude prennent le pas sur la motivation et l'esprit warrior du régime.

J'ai parfois envie de pâtes, envie de manger n'importe quoi.

Il ne faut pas se bloquer mentalement.

Évidemment, quand cela ne va pas très bien dans ta vie, quand tu as un coup dur, des événements tristes, c'est encore plus dur de résister à la tentation.

Quand tu fais un rééquilibrage alimentaire, il n'y pas ce problème. Mais quand on est sur un régime drastique, il ne faut surtout pas craquer. C'est assez difficile car ton cerveau t'y renvoie tout le temps. On y pense, on y pense...

Je vous ai parlé du fromage et du chocolat qui ont été selon les périodes mes aliments doudous. Un autre de mes péchés mignons, c'est la période des barbecues. Je ne peux pas y résister. La viande est grillée, donc ce n'est pas un trop grand écart. Mais cela reste compliqué mentalement, je me sens obligé de calculer si j'y ai droit. On y pense toujours. Il faut aussi savoir se relâcher.

Il faut savoir accepter une invitation d'amis pour un apéritif ou pour un dîner de temps en temps, sinon on se renferme socialement, on craque mentalement et le régime ne fonctionnera pas.

J'ai également commencé l'électro-simulation, pour renforcer mes muscles. C'est ce qui m'a permis de m'affiner et de perdre des centimètres au niveau des fesses. Cela m'a aidée à muscler mes cuisses et mes fesses. Je suivais deux séances par semaine. L'électro-stimulation permet de contracter les muscles par le biais d'impulsions électriques.

Lors de cette troisième perte de poids, j'ai pris conscience de quelque chose. Mon combat contre les kilos, il est personnel. Je le fais pour moi et pour mon mari. Cela doit prendre plus de temps ? Ce n'est pas grave ! J'ai perdu deux kilos de moins que mon objectif ne le prévoyait ? Et alors, si je lâche aujourd'hui, ce sera pire, alors que si je poursuis patiemment, je m'en féliciterai dans un an.

Aujourd'hui, je me sens mieux dans mon corps, même si j'ai encore des kilos à perdre.

Et aujourd'hui, je ne veux plus de coach. Je veux être libre. Le sport n'est plus une obligation. J'aime ça.

Moi, je déteste les coachs qui te disent : « Pendant une minute, tu fais des squats puis pendant une minute, tu fais ci, etc., etc. ». Quoi, ça veut dire qu'on est toutes pareilles ? Certaines filles mettront cinq minutes à faire un exercice quand d'autres filles auront besoin de vingt minutes. Ce qui compte, c'est d'atteindre son objectif à son rythme. Si une nana ne peut pas faire plus de deux répétitions en une minute, ce n'est pas avec ces deux pauvres mouvements qu'elle va perdre du poids en trois mois. Il faut adapter. On est toutes différentes.

Beaucoup de gens ont des problèmes : aux mains, aux genoux...

Si tu as une douleur, il faut parfois remplacer un exercice par un autre. Si tu es seule, comment le savoir ? Tu vas plus te faire mal qu'autre chose.

LES TIPS DE KELLY

Comment choisir ses compléments alimentaires ?

Je n'aime pas l'aspect « régime ». Je préfère réduire mon alimentation. Je m'aide de coupe-faim, de compléments alimentaires.

Bien sûr qu'on peut prendre des produits pour accompagner nos pertes de poids. J'ai pris autrefois des médicaments illégaux et de la drogue. C'était une terrible erreur. Mais il faut s'aider de choses autorisées et même conseillées.

Grâce aux coupe-faim, je divise mon assiette par deux. C'est un appui considérable pour gérer mon alimentation. En fait, quand on boit un shaker coupe-faim, l'estomac se remplit à moitié.

Je fais beaucoup de rétention d'eau. Des compléments m'ont aidée pour cela aussi. Certains contiennent des plantes qui réduisent la rétention d'eau. Il y a aussi du thé avec des

queues de cerise. Il y a aussi des produits « jambes légères ». La rétention d'eau est une maladie. L'été, je peux passer d'une pointure de chaussure 37 à un 39. Mes pieds et mes doigts gonflent.

Cela m'a aidée aussi pour l'énergie. Avant d'avoir des enfants, je ne buvais pas de café. Il est essentiel d'avoir de l'énergie pour s'adonner au sport, s'occuper de ses enfants, etc. En plus, la caféine a des vertus amincissantes et repousse la cellulite. Évidemment, hors de question d'y glisser un morceau de sucre.

Je consomme aussi des boosts de gingembre !

On me demande souvent sur les réseaux la raison de mes changements de compléments alimentaires. En effet, entre ma deuxième perte de poids et ma troisième perte de poids, j'ai changé de marque, de composants. Ce n'est pas que les précédents étaient mauvais. Bien au contraire, puisqu'ils ont très bien fonctionné.

Mais c'est le même principe que les somnifères. Au bout d'un moment, ton corps s'habitue, et l'effet des compléments diminue jusqu'à disparaître.

Il faut alors changer.

En ce qui me concerne, les compléments m'ont permis récemment d'assouvir mes irrésistibles envies de chocolat. C'est l'étrangeté du corps humain, notamment pendant une grossesse. Je n'ai jamais été gourmande de chocolat. Mon dada, c'était le fromage. Mais quand je suis tombée enceinte de Lyana, mon deuxième enfant, je suis devenue totalement accro au choco !

J'ai ainsi cherché et trouvé une marque qui proposait du chocolat dans tous ses compléments alimentaires. Cela me permet de craquer et de manger sans casser le régime. Ce sont des produits peu ou pas sucrés qui proposent des collations avec la saveur chocolat. Je peux me faire plaisir et assouvir ce besoin sans m'infliger la peine d'avoir anéanti ma séance de sport du jour. C'est essentiel pour moi.

C'est important de trouver la marque qui te correspond.

Chacun sa solution. Une marque te correspond à un instant T.

Il faut aussi prendre garde aux compléments qui font mal au ventre. Pharmacie ou pas pharmacie, parfois, ça défonce le bide et c'est à la limite du supportable. Certains m'envoyaient en permanence aux toilettes, c'était atroce.

Avec les compléments d'Émilie et Clémentine, il n'y a aucun effet secondaire. Je n'ai jamais eu mal au ventre avec. Peut-être que je vais uriner un peu plus souvent, mais c'est tout. Sans la moindre douleur.

Quand tu choisis un complément alimentaire, lis toujours les avis des consommateurs au préalable. Si tu ne manges plus mais que ton foie est abîmé, le préjudice est plus important que le bénéfice.

Toutefois, même quand ça marche parfaitement lors des premières prises, il faut savoir changer au bout de quatre ou cinq mois dès qu'on sent les effets s'estomper.

Beaucoup de gens ne parviennent pas à suivre convenablement un régime. Quand je conseille certains produits à des filles, elles se plaignent parfois que cela ne fonctionne pas. Et ensuite, elles m'expliquent qu'elles ont mangé des glaces parce qu'elles n'en pouvaient plus. Forcément, sans sérieux, on n'arrive à aucun résultat. Je lis aussi certains commentaires de filles qui se plaignent du goût des substituts alimentaires. Mais à quoi s'attendaient-elles ? Bien entendu qu'il n'y a ni beurre ni sel. Oh, les filles ! On fait un régime. On perd du poids. Ne vous attendez pas à un repas gastronomique. Il faut savoir ce qu'on veut.

LES TIPS DE KELLY

Les repas du quotidien

Pour commencer, j'ai envie de te poser une question : les sushis, tu penses que c'est gras ?

Non, parce que c'est du poisson cru ?

→ Eh bien si, les sushis font grossir, à cause des sauces soja, qu'elles soient sucrées ou salées, mais aussi à cause du riz. C'est super calorique ! Même sans le tremper dans la sauce...

On a tendance au fil des jours à manger un peu n'importe quoi, sans vraiment savoir ce que les plats ou les aliments contiennent, en se disant « C'est comme ça, c'est pas grave ».

Et les gâteaux soi-disant non sucrés qu'on achète en grande surface ? Tu leur fais confiance ? N'aie pas honte de l'avouer. Moi aussi, j'en ai eu bien trop longtemps dans mes placards. Moi aussi, je me suis fait avoir par ces publicités marketing qui te vantent des céréales « fitness » alors que c'est bourré de sucres, de matières grasses, de mauvais aliments. Fitness, tu parles ! En réalité, tous les produits transformés sont mauvais pour ta ligne. Difficile de perdre du poids en mangeant ce genre d'aliments.

Cela peut être utile, au début d'une perte de poids, de suivre les conseils d'une diététicienne ou simplement d'une amie qui s'y connait sur le sujet. Parfois, on ne perd pas de poids et on ne comprend pas pourquoi car on pense bien manger. Hélas, la publicité est tellement bien faite qu'on a souvent l'impression que des tas d'aliments font maigrir. C'est faux !

Il faut te prendre en main afin que tu prépares toi-même tes repas. La meilleure solution est de faire venir chez toi quelqu'un qui s'y connait et de lui montrer tous tes placards. Tout ce qui n'est pas bon pour la ligne, tout ce qui fait grossir, tout ce qui est bourré de mauvaises choses, tu mets ça dans un carton et tu donnes à une collecte alimentaire.

Chaque jour, j'envoyais à mon coach ou à une amie une photo de ce que je mangeais afin d'être certaine que je ne commettais pas d'erreurs qui me seraient préjudiciables sur la balance.

Même si tu te contentes de manger des tomates, ce n'est pas bien. Tu as besoin d'un repas équilibré. Prendre le temps de manger.

Il faut aussi adapter tes choix à tes besoins et ta personnalité.

Si tu aimes manger, ne remplace pas tous tes repas par des shakers.

Un shaker, cela remplace le chocolat ou la tarte aux fraises. On peut mélanger ça avec de l'eau ou du lait vert (écrémé). Le soir, c'est des pâtes ou du riz, ça fait 350 calories.

Mais si tu n'as pas le temps de cuisiner un repas équilibré, bois un shaker au lieu de dévorer un kebab parce que c'est simple, modique et rapide. Je dis ça car cela m'est arrivé récemment. Après une visite chez mon tatoueur pour inscrire sur mon bras le prénom de ma fille, Lyana, j'étais dans les rues de Paris avec mon mari et les équipes de *Mamans & Célèbres* qui me filmaient pour l'émission quotidienne sur TFX. Nous étions bien en retard, nous n'avions pas le temps de déjeuner mais nous avions faim. Nous avons donc mangé sur le pouce un repas ultra-gras. J'ai regretté l'absence de berlingot dans mon sac à main. Cela m'aurait évité cet écart coupable.

Qu'est-ce qu'un berlingot ? C'est un substitut de repas. Une sorte de solution liquide qui permet de remplacer une alimentation normale. Tu mélanges ça avec 60 ou 80 grammes de pâtes ou de riz, et cela donne de vrais goûts : saveur fromage, saveur chili con carne, saveur curry. Le matin, on a des saveurs speculoos, stracciatella… ça calme les envies. On est d'accord, ce n'est pas le vrai bon repas régressif de coquillettes pur beurre, ni un repas de restaurant. Il n'y a même pas de sel. Mais cela aide bien pour une perte de poids, surtout quand tu manques de temps. Pendant le premier confinement, cela m'évitait d'aller faire les courses trop souvent. Je souhaite quand même préciser que j'encourage toutes les filles à cuisiner si elles le peuvent. Cuisiner ses propres plats, c'est la vie et c'est la meilleure solution, si on a le temps. Plus on évite les aliments tout-fait, mieux c'est. C'est un rythme de vie à prendre. Les berlingots, c'est la solution de substitution quand tu n'as pas le temps. Si tu n'as que dix minutes de pause le midi au travail, mieux vaut boire ça que de dévorer un sandwich acheté à la boulangerie. Il faut toujours en avoir dans son sac à main. C'est une aide quand c'est la course au travail. Sinon, ce genre de challenge, ça dure une, deux ou trois semaines, mais après il faut arrêter et reprendre une alimentation correcte. On ne peut pas se nourrir ainsi à vie. Le mieux est de prendre l'habitude de cuisiner sainement soi-même, afin que cela soit reproductible sur le long terme.

Avec les challenges, on peut perdre rapidement trois à cinq kilos. Les substituts contiennent infiniment moins de calories (autour de 200 calories) qu'un repas habituel (environ 700 calories). Il est important d'en avoir conscience. En effet, si tu remanges énormément trois semaines plus tard, tu vas reprendre tout ton poids et tes efforts n'auront servi à rien. Dans tous les cas, il sera essentiel d'opérer un rééquilibrage alimentaire. C'est une erreur classique. Car on ne peut pas suivre un régime draconien à vie. Impossible. Même si tu en rêves, tu n'y arriveras pas.

En revanche, si tu trouves ton rythme alimentaire, tu ne grossiras plus, ou en tout cas seulement à la marge. En début d'année 2022, je suis partie en vacances dans les îles dans un complexe hôtelier, avec une formule all-inclusive (pension complète). Forcément, comme tout le monde, je me suis régalée au buffet. Et j'ai pris seulement 800 grammes en trois semaines. Je suis certaine que si je sortais d'un régime drastique, j'aurais pris quatre ou cinq kilos.

Une fois les challenges finis, on peut continuer à consommer occasionnellement ces berlingots. C'est parfait après un week-end de fête, un mariage, un anniversaire…

Concernant l'alimentation, il n'existe pas vraiment d'excuse. On trouve toujours des solutions et si on est motivée, on doit y arriver.

Évite aussi de manger des plats fades. Quand des épices diversifient les saveurs pour ton palais, c'est beaucoup plus motivant.

Lors de ma deuxième perte de poids, j'avais la chance de pouvoir cuisiner. Désormais avec deux enfants, un traiteur me prépare tous mes repas (déjeuner, dîner). Sinon, je me retrouve à manger sur le pouce et je manque d'énergie.

Les repas équilibrés de Sainpleat qui sauvent mon organisation de ma vie de maman et m'aident à tenir le rythme.

Je compose

Pour t'aider, je partage avec toi ci-dessous un petit guide extrait du programme gratuit FitClem.fr de mon amie Clémentine.

Tu peux t'en inspirer même si tu n'utilises pas ses produits. Pour démarrer, je te conseille de consulter une diététicienne.

Jour 1

Petit déjeuner

Omelette sucrée (recette de Clem) ou Œufs brouillés ou œufs au plat
ou
Bol de fromage blanc (200g) avec 1 source de féculent (cracotte FITCLEM ou pain complet) avec 5g de beurre
1 tasse de thé ou infusion minceur
+ 1 fruit

Déjeuner

Légumes verts ou crudités (salade verte, concombre, tomate...)
Poulet ou dinde
Yaourt 0% ou fromage blanc
1 tasse de thé ou infusion minceur

Collation

1 collation FITCLEM *(voir «Les collations FITCLEM» page 16)*
ou
200/250g de fromage blanc 0%
ou
Source de protéines 15/20g + source de féculents
1 tasse de thé ou infusion minceur

Dîner

Poisson blanc
Tomates cuites au four
1 tasse de thé ou infusion minceur

Jour 2

Petit déjeuner

PETIT DEJ'EXPRESS FITCLEM (2 doses)
ou
Bowlcake avec les pépites de chocolat zéro FITCLEM (max 40g de flocons d'avoine)
ou
Pancakes FITCLEM
ou
Source de protéines + source de féculents
1 tasse de thé ou infusion minceur
+ 1 fruit

Déjeuner

Féculents au choix (100g/150g cuits)
Courgettes ou autre légumes verts
Source de protéines au choix
Yaourt 0% ou fromage blanc
1 tasse de thé ou infusion minceur

Collation

1 collation FITCLEM *(voir «Les collations FITCLEM» page 16)*
ou
Source de protéines 15/20g + source de féculents
1 tasse de thé ou infusion minceur

Dîner

PROTÉINES PURES (thons, œufs...)
1 yaourt
1 tasse de thé ou infusion digestion FITCLEM

À toi de jouer !

repas équilibrés

Jour 3

Petit déjeuner

Bowlcake flocons d'avoine protéinés (recette de Clem)
1 tasse de thé ou infusion minceur

Déjeuner

Source de protéines au choix
Légumes au choix
Yaourt 0% ou fromage blanc
1 Fruit (1 pomme, 1 poire, 1 clémentine ou 1 kiwi)
1 tasse de thé ou infusion minceur

Collation

100g ou 200g de fromage blanc
1 tasse de thé ou infusion minceur

Dîner

Légumes verts au choix
Blanc de poulet ou blanc de dinde (3 tranches)
1 yaourt
1 tasse de thé ou infusion digestion FITCLEM

Jour 6

Petit déjeuner

2 tranches de banana bread (recette de Clem)
ou
Source de protéines + source de féculents
1 tasse de thé ou infusion minceur
+ 1 fruit

Déjeuner

Source de protéines au choix
Légumes ou crudité au choix
Yaourt 0% ou fromage blanc
1 tasse de thé ou infusion minceur

Collation

1 tranche de banane bread
ou
1 collation FITCLEM *(voir «Les collations FITCLEM» page 16)*
ou
100g de fromage blanc 0%
ou
Source de protéines 15 + source de féculents
1 tasse de thé ou infusion minceur

Dîner

Source de protéines au choix
Légumes verts cuits au choix
1 tasse de thé ou infusion minceur

LES TIPS DE KELLY

L'acceptation de soi

Lors de l'été 2021, j'ai eu un déclic lors d'une banale sortie à la plage en famille, à Bormes-les-Mimosas.

À cette époque – comme souvent dans ma vie, vous l'aurez compris – je me trouvais très grosse.

J'ai commencé à regarder les femmes autour de moi. J'ai réalisé qu'elles étaient beaucoup plus rondes que moi. Elles souriaient. Elles étaient belles.

→ Ça m'a fait un choc. J'ai subitement compris que je me trouvais une fois de plus dans un engrenage et que je n'en sortirais jamais, jusqu'à la fin de ma vie.

Je portais, évidemment, un maillot de bain une-pièce pour cacher mon ventre. Je n'aurais jamais osé montrer mes formes.

Mais là, sous mes yeux, je voyais ces nanas plus grosses que moi qui se permettaient de porter des bikinis. Comme je les enviais ! Comme je me sentais bête.

Mais au moins, je ne me sentais plus si énorme.

Elles étaient rayonnantes. Cela a fait tilt dans ma tête. *Si je les trouve belles, c'est qu'elles le sont.*

Ce sont elles qui ont gagné.

Le problème, ce sont les réseaux sociaux qui te conduisent toujours invariablement dans le train diabolique du rejet de ton corps.

Ma relation de couple avec mon mari est un ascenseur d'émotions. Il a énormément souffert de toutes mes prises de poids. Dès que je grossissais, je me détestais. Et à mesure que je me détestais, je le repoussais et refusais son soutien, son amour ou sa tendresse. J'ai failli le perdre, plusieurs fois. D'autres hommes m'auraient lâchée.

Désormais, j'ai compris quelque chose. Si l'on arrive à accepter son corps, on développe une bien meilleure relation avec son partenaire. Je suis souriante, moins agressive.

Les filles, accordons-nous là-dessus. Déjà que le poids nous pourrit la vie : on ne va pas en sus perdre nos amoureux. Sinon, *tout ça pour du poids.*

J'imagine tout le mal que cela a pu faire à d'autres personnes, chacun avec son histoire. Moi, c'était mon mari. Pour d'autres, c'est peut-être mêmes les enfants qui en souffrent. Inconsciemment, involontairement, certaines femmes peuvent être méchantes avec leur progéniture parce qu'elles se détestent trop. Et quand tu es désagréable en permanence avec tes proches, ils ont beau t'aimer, leurs nerfs finissent par exploser et ils jettent l'éponge.

LES TIPS DE KELLY

Range ta balance !

Il ne sert à rien de se peser en permanence.

Une fois par semaine, c'est suffisant.

À une époque, je me pesais tous les jours. C'était le cas lors de ma première perte de poids, même si j'ai laissé tomber la balance au bout de quelques mois puisqu'avec les substances illicites, mon corps changeait à la vitesse de l'éclair. Le résultat était évident.

Je sais que certaines filles se pèsent en permanence. Il y en a même qui montent sur la balance plusieurs fois dans la journée, après un repas ou après être passées aux toilettes.

C'est inutile ! Il faut lâcher prise, se fixer des objectifs et établir un rendez-vous hebdomadaire avec ta balance. Ainsi, plutôt que de te contenter de perdre 300 grammes tous les jours, et parfois, d'être horrifiée de constater que tu as repris un demi-kilo après un repas un poil trop copieux, tu ressentiras plus de satisfaction d'avoir perdu 4 kilos en une semaine.

Lors de ma deuxième perte de poids, je me pesais tous les jours, puis une fois par semaine, puis encore tous les jours à la fin pour suivre mon objectif de dix kilos perdus en trois mois. Neymar m'engueulait : « Mais arrête, Kelly ! Tu ne vas pas te peser tous les jours ! » J'étais à cent grammes près.

C'est surtout quand tu stagnes qu'il faut t'obliger à glisser la balance sous ton placard. Sinon, c'est trop angoissant.

→ La balance ne reflète pas non plus ton corps.

Le plus important pour moi, c'est de perdre des centimètres.

Tu préfères avoir un corps de 62 kilos, taille 40, plein de cellulite avec des fesses flasques ? Ou un corps avec 3 kilos de plus, et un pantalon taille 42 sans trace de graisse ?

Le sport permet notamment de se muscler. Cela évite l'effet tablier des abdos, ça renforce les fesses. La peau reste tendue. Il faut aussi mettre de la crème pour hydrater la peau et éviter les vergetures. Car les vergetures restent indélébiles, mais on peut les limiter grâce à un crémage régulier.

Plutôt que de constater un chiffre agréable, il vaut mieux se regarder dans un miroir et se trouver belle. À ce sujet, si je réunissais une dizaine de filles mesurant la même taille que moi et pesant le même poids, tu verrais qu'on est toutes différentes : certaines se sentent bien, d'autres ne s'aiment pas et ne s'assument pas. Tout ça pour te montrer que le poids n'est qu'un chiffre, le principal, c'est comment tu te sens devant ton miroir.

Moi, c'est Kelly, je mesure 1,61m pour 74 kilos, je me trouve bien, belle, femme, maintenant. *Et toi ?*

Ma photographe, Émilie Zangarelli.
Merci de me rendre si belle et d'avoir réalisé la plupart
des photos de ce livre, dont la magnifique couverture.

@emiliezangarelli

Remerciements

Je veux commencer par remercier mon mari de m'avoir sauvée, soutenue, encouragée et de m'avoir offert deux merveilleux enfants. Mais désolée, je ne veux pas de troisième ;)

Je remercie ma communauté qui me suis au quotidien : c'est grâce à vous que je suis là aujourd'hui.

Merci à Talent Éditions pour m'avoir aidée dans la réalisation de ce livre.

Merci à Thibaut Geffrotin, que j'ai embêté des heures et des heures durant la rédaction de mon livre, avec des retouches incessantes, à des heures indues, merci pour ta patience !

Merci aux photographes qui m'ont permis d'illustrer mon livre, ma vie, ma réalité : Émilie Zangarelli, Christelle_photographies, Romain Sauze, Thomas Wibaux, Léa Souffan.

Merci à mes coachs sportifs et à Gigafit @gigafit.itteville : Arthur, Vlad, Sam et William. Mais aussi indirectement Sonia Tlev, dont les programmes en ligne m'ont aidée à la maison.

Merci à mon chirurgien, le Dr Montoneri, d'avoir su réparer mes erreurs.

Merci les copines : Émilie Nef Naf, Clémentine de FitClem et Virginie Winet, d'avoir pris sur leur temps de mamans pour apporter leurs précieux témoignages.

Et enfin merci maman, merci de m'avoir mise au monde, de m'avoir supportée, et d'avoir pris le temps de raconter ton expérience dans ce livre, ton soutien m'est précieux.

2012

2014

2020

@leasouffan

2022

Achevé d'imprimer en France par la SEPEC
Numéro d'impression : 19387220302 - Dépôt légal : mai 2022

IMPRIM'VERT®

PEFC 10-31-1470 / Certifié PEFC / Ce produit est issu de forêts gérées durablement et de sources contrôlées. / pefc-france.org